野菜も
たんぱく質も
とれる!

スープ弁当

ほりえさちこ 著

ナツメ社

野菜とたんぱく質が1品でとれる
栄養満点!スープ弁当

ランチの時間は楽しみだけれど、毎日コンビニや外食では飽きてしまう…。そんなランチ難民の方も多いのではないでしょうか。とはいっても、お弁当を作るとなると、栄養バランスを考えて何品もおかずを作ったり、お弁当箱に詰めたりすること自体が面倒なんですよね。そこで提案したいのが、「スープ弁当」。本書で紹介しているスープは、たんぱく質と野菜がたっぷり入っていて、1品で栄養がしっかりとれるので、あとはおにぎりやサンドイッチを添えるだけでOK。忙しい朝でも気軽に健康的なお弁当が作れます。作り方は、鍋に具材を入れて、さっと火を通したら、あとはスープジャーに入れるだけ。保温しながらしっかり火を通してくれるので、前日の仕込みもいらないほどスピーディーでカンタン!　そして、なんといっても、具だくさんのスープなので満足感があります。揚げたりもせずヘルシーなので、ダイエット中のランチにもピッタリです。それでも朝は時間がない!という方におすすめなのが、スープの作りおき。2〜3倍の量でスープを作って冷蔵庫に入れておけば、朝は1食分を温めてスープジャーに入れるだけなので、本当に手軽です。本書では、具材の組み合わせやベースの味を変えてバリエーション豊富なスープのレシピを84品紹介しています。家にある食材でできるレシピを探してみたり、お好みのスープを選んだり、味変やちょい足しトッピングなどもプラスして、おいしくて健康的なスープランチを楽しんでみてください。

この本の特長

とにかく1品で完結するからラク!

→1品で具だくさん、栄養がしっかりとれます。おかずを何品も作ったり詰めたり、組み合わせも考えなくていい!

満腹感もバッチリ!

→スープの量はもちろん、主食の量を調整すれば、育ち盛りのお子さんから、ダイエット中の方まで使えます。

忙しい朝でもラク!

→調理時間が少ない、ざっくり作ってもおいしいレシピを豊富に紹介。和・洋・中・エスニックと飽きない味のバリエーション!

作りおき派の人も使える!

→朝作る派の人だけでなく、作りおき派の人にも。「作りおき」アイコン表示で便利です。

CONTENTS

この本で使う
スープジャーのこと

本書で使うスープジャーについて紹介します。
お持ちのスープジャーに合わせて
作るコツなどもあわせてチェックしてみましょう。

400mℓの
スープジャーを使えば
具だくさんスープが楽しめる！

保温性に優れ、持ち運びしやすいスープジャーは、スープ弁当にピッタリ。スープジャーには、さまざまな容量があります。お弁当にちょっとスープを添えたいときは、250〜300mℓぐらいの小サイズ、具だくさんのスープには350〜400mℓの中サイズがおすすめです。500mℓを超えるサイズもありますが、こちらは男性やしっかりと食べる人に向いているでしょう。本書では、たんぱく質と野菜をたっぷり使ったスープを紹介しているので、400mℓのスープジャーを基準にしています。この容量なら1食で満足感を得られる上、栄養バランスもとれるのでおすすめです。

MEMO

容量が300mℓ、
500mℓの場合は？

今お持ちのスープジャーの容量が400mℓでない場合は、容量に合わせて0.8倍、1.25倍などの分量で作ることもできますが、計算するだけでも大変です。おすすめなのは、何倍かに量を増やして作りおきしておくこと。3倍量で作れば、容量が300mℓの場合は4回分、容量が500mℓの場合は2回分強になります。スープを使うときは、スープジャーの容量に合わせて鍋で温めるか、耐熱容器に入れて電子レンジで温めればOKです。

黄金比率を
おぼえて広がる
スープ弁当バリエ

本書のスープは、基本的に以下の割合で構成されています。
比率を覚えておくと、スープのアレンジも自在です。

1 ： 1 ： 2

野菜・きのこ・
海藻
1〜2食材

キャベツ、白菜、もやしなどの淡色野菜やほうれん草、小松菜、にんじんなどの緑黄色野菜、いも、れんこん、ごぼうなどの根菜、きのこ、海藻を1〜2食材組み合わせて100gぐらい。

肉・魚・卵・
大豆製品などの
たんぱく質は1食材

鶏肉、豚肉、牛肉、ひき肉などの肉、鮭、ぶり、たら、かじきなどの切り身魚、えびやシーフードミックス、卵、豆や豆腐、厚揚げなどの大豆製品の中で1種類を約100gぐらい。

スープ・だし
などの水分

本書では、水分200mℓに対して、和風顆粒だし、顆粒ブイヨン、鶏がらスープの素などを合わせたものを使用しています。具材：水分は1：1となり、具だくさんな仕上がりです。

アツアツのスープが長持ち！
スープジャーの使い方

1

スープジャーに
熱湯を注ぐ

まずは熱湯を用意し、スープジャーに熱湯を注いでおき、予熱します。スープを入れる直前にお湯は捨てます。

POINT

余熱の際、蓋をするかしないかはメーカーによって異なるので、取扱説明書を確認しましょう。

2

鍋に具材とスープを
入れて1〜2分煮る

鍋に切った具材とスープと調味料を加え、沸とうしたら弱火にして蓋をして、1〜2分煮てさっと火を通します。

POINT

余熱で火を通すので、野菜や豆は1〜2分煮るだけでOKです。肉や魚はしっかり加熱しましょう。

スープ弁当をはじめるなら、アツアツのスープを
楽しむためのスープジャーの使い方を要チェック。
メーカーによって使い方が異なるので、取扱説明書の確認を。
できるだけ、6時間以内に食べるようにしましょう。

先の細いレードルで
具材を入れる

スープができたら火を止め、先の細いレ
ードルで具材のみをすくい、スープジャ
ーに入れます。

POINT ―――――――
スープジャーの口が狭いものもあるので、先の細
いレードルを使うと入れやすくておすすめ。

スープを注いで
蓋をする

具材を入れたら、アツアツのうちにスー
プを先の細いレードルでスープジャーに
注ぎます。

POINT ―――――――
スープは内側のラインまで入れましょう。とくに
いも類は余熱で火を通すので、すぐに蓋をして。

毎日スープ弁当でも
飽きないポイントは
スープの味にアリ！

栄養満点＆大満足のスープ弁当。
飽きずにおいしく続けられる
アイデアを散りばめました。
これなら毎日でも続きそう！

鶏肉を使った
スープでも…

和 の
しょうゆ味！

洋 の
豆乳クリーム
カレー味！

中・エスニック の
ナンプラー味！

同じ食材でも
和・洋・中・
エスニックと広がる
味つけバリエーション！

本書では、たんぱく質と野菜がたっぷりとれるスープ弁当
を紹介していますが、使いやすさを考えて、肉＋野菜、魚
＋野菜、卵＋野菜、大豆製品＋野菜と、食材別にレシピを
紹介しています。肉なら鶏肉、豚肉、牛肉、ひき肉という
ように、冷蔵庫にある食材で作れるスープがたくさん！
同じ鶏肉でも、和のしょうゆ味、洋のクリームカレー味、
エスニックのナンプラー味など、いろいろな味が楽しめる
のも魅力のひとつ。組み合わせる野菜は、レシピを参考に
して、家にあるものを使って作ってもOKです。その日の
気分で食べたいスープを選べるのもうれしいポイント。

いろいろな味が
楽しめるから
続く！

10

途中で飽きたら
味変アイデアで
2度おいしい！

繰り返し作ったり、2〜3倍の分量でスープを作りおきしたときにおすすめなのが、味変アイデア。毎回のスープが同じ味だと飽きてしまう…という人のために、それぞれのスープにちょっと加えるだけで味の変化がつくような材料や調味料を紹介しているので参考に！

彩り、食感に
変化をもたらす
ちょい足しトッピング

ボリューム満点のスープは、最後まで食べきるまでに飽きてしまう場合も。おすすめは、彩りや食感に変化をもたらすちょい足しトッピング。仕上げにのせるのはもちろん、小さめのタッパーに入れて持っていき、途中でプラスするのもおすすめです。

汁多めのアツアツ
おかずをスープジャーに
入れて満足ランチにも！

本書ではスープだけでなく、スープジャーの優れた保温性を利用したアツアツおかずのレシピもご紹介。毎日スープばかりで飽きてきたな…と思ったら、アツアツおかずを作ってスープジャーに入れてみましょう！具だくさんだから、ごはんやパンを添えるだけで完成。

＊卵焼きなどの汁けのないおかずを入れるときは、冷ましてから入れましょう。

この本の使い方

- 材料は1人分です。レシピによっては、作りやすい分量などもあります。
- 計量単位は大さじ1＝15㎖、小さじ1＝5㎖としています。
- 電子レンジは600Wを基本としています。500Wの場合は加熱時間を1.2倍にしてください。
- 「少々」は小さじ⅙未満を、「適量」はちょうどよい量を、「適宜」は好みで必要があれば入れることを示します。
- 保存の際には、食品の粗熱をしっかりととり、清潔な箸や容器を使ってください。
- 野菜を洗ったり、皮をむいたりなどの下処理は省略しています。
- スープジャーはすべて400㎖サイズを目安の量としています。
- 料理写真は、中身が見やすいように材料の分量よりもスープを多めに盛りつけています。実際に作るときは、スープジャーの説明書にしたがってスープを入れすぎないように注意してください。

食材名・テイストが
ひと目でわかる！

保存期間をアイコンで表示

味つけがすぐわかる
アイコンつき！

毎日食べても飽きない
味変アイデア

彩り、風味に変化をつける
トッピングアイデアを紹介

野菜も肉も
モリモリ食べる!
スープ弁当

たんぱく質といえば真っ先に思いつくお肉。
鶏肉、豚肉、牛肉、ひき肉と
バリエーション豊富に紹介。
スープでたっぷりと野菜もとれて、
お腹いっぱいになること間違いなしです。

鶏肉＋野菜 和

みそ味　作りおき　冷蔵3日

ゴロゴロ具材と、みそのコクで大満足！

鶏肉とじゃがいもと にんじんのみそ汁

材料 （1食分／ジャー400㎖）

鶏もも肉…100g
じゃがいも…1個（正味80g）
にんじん…30g
A 水…250㎖
　　和風顆粒だし…小さじ½
みそ…大さじ1

作り方

1 鶏肉はひと口大に切る。じゃがいもは6〜7mm厚さ、にんじんは5mm厚さのいちょう切りにする。

2 小鍋にA、1を入れて中火にかける。沸とうしたら蓋をして、弱火で3分ほど煮たら、みそを溶き入れる。

3 スープジャーに入れ、蓋をする。

味変アイデア！　＊同時の味変はNG

カレー粉
小さじ1をプラス

カレー
Curry Powder

豆板醤

みそを小さじ2に減らし、豆板醤小さじ½を加える

ちょい足し
トッピング

小口切りにした
小ねぎをたっぷり
のせて

とうふ

豆腐をプラスして
具だくさんに

14

ジューシーな鶏もも肉と
たっぷりの野菜で
食べ応え抜群！

鶏肉＋野菜 和

歯応えのあるえのきだけで
食物繊維もとれて
お腹の掃除にも◎

（梅味）（作りおき）（冷蔵3日）

梅のほんのりとした酸味が◎

鶏ささみとえのきの
梅スープ

（材料）（1食分／ジャー400㎖）

鶏ささみ…小2本（100〜120g）
えのきだけ…80g
小ねぎ…20g
A 水…200㎖
　　白だし…大さじ1と½
　　梅干し（種は取り除く）…1個
塩…適量

ちょい足し
トッピング

ちぎった青じそをのせて
さわやかに

（作り方）

1 鶏ささみは筋を取り除き、薄めのそぎ切りにする。えのきだけは石づきを切り落として3等分の長さに切り、小ねぎは3〜4cm長さに切る。

2 小鍋にA、鶏ささみ、えのきだけを入れて中火にかける。沸とうしたら蓋をして、弱火で2分ほど煮る。小ねぎを加え、塩で味をととのえる。

3 スープジャーに入れ、蓋をする。

あっさりとした味つけで
食材の味わいを
シンプルに堪能して

昆布茶味　作りおき　冷蔵3日

小松菜の風味をしっかり感じる！

鶏肉と小松菜とねぎの昆布茶スープ

材料 （1食分／ジャー400mℓ）

鶏むね肉… 100g
小松菜… 70g
長ねぎ… 30g
A 水… 200mℓ
　 昆布茶… 小さじ2
塩… 適量

作り方

1 鶏肉は皮を取り除き、そぎ切りにする。小松菜はざく切り、長ねぎは斜め薄切りにする。

2 小鍋にA、鶏肉を入れて中火にかける。沸とうしたら蓋をして、弱火で2分ほど煮る。小松菜、長ねぎを加えてさっと煮たら、塩で味をととのえる。

3 スープジャーに入れ、蓋をする。

味変アイデア！

昆布茶を
鶏がらスープの素
大さじ½に代えて

スープにすれば
キャベツを
たっぷりとれる！

しょうゆ味 **作りおき** **冷蔵3日**

ほっとするしょうゆ味で召し上がれ

鶏肉と玉ねぎと
キャベツのしょうゆスープ

材料 (1食分／ジャー400㎖)

鶏もも肉…100g
玉ねぎ…1/4個
キャベツ…60g
A 水…200㎖
　 しょうゆ…大さじ1/2
　 白だし…小さじ1
塩・粗びき黒こしょう
　…各適量

作り方

1 鶏肉は2cm角に切り、玉ねぎはくし形切り、キャベツはざく切りにする。

2 小鍋にA、1を入れて中火にかける。沸とうしたら蓋をして、弱火で1〜2分煮る。塩で味をととのえる。

3 スープジャーに入れ、粗びき黒こしょうをふり、蓋をする。

ちょい足し
トッピング

ゆずこしょうを
のせてアクセントに

みそベースのスープに
ごまを加えることで
さらにコク深い味わいに

(みそ味) (作りおき) (冷蔵3日)

たっぷりのにんじんで歯応え抜群！

鶏ささみとにんじんと
わかめのごまみそ汁

(材料) (1食分／ジャー400㎖)   (作り方)

鶏ささみ…小2本
　　（100〜120g）
にんじん…80g
わかめ（乾燥）…3g
A 水…250㎖
　 和風顆粒だし
　 　…小さじ½
みそ…大さじ1
白すりごま…大さじ½

1 鶏ささみは筋を取り除き、そぎ
切りにする。にんじんは細切り
にする。

2 小鍋にA、**1**、わかめを入れて
中火にかける。沸とうしたら蓋
をして、弱火で1〜2分煮る。
みそを溶き入れ、白すりごまを
加える。

3 スープジャーに入れ、蓋をする。

味変アイデア！

白すりごまを白練り
ごまに代えて濃厚に

19

鶏肉＋野菜 洋

トマト味 **作りおき** 冷蔵2〜3日

トマトジュースで手軽に作れる洋風スープ

鶏肉と白菜とアスパラの
トマトクリームスープ

材料 （1食分／ジャー400㎖）

鶏もも肉… 100g
白菜… 80g
グリーンアスパラガス… 2〜3本
オリーブ油・小麦粉…各小さじ2
A トマトジュース… 120㎖
　水・牛乳…各50㎖
　顆粒ブイヨン…大さじ½
　おろしにんにく…小さじ1
塩・粗びき黒こしょう…各適量

作り方

1 鶏肉は2㎝角に切る。白菜は小さめのざく切りにし、アスパラガスは根元の硬い部分を除き、3〜4㎝長さに切る。

2 小鍋にオリーブ油を中火で熱し、鶏肉、白菜を入れて炒める。しんなりしたら小麦粉を加えて全体にまぶす。

3 A、アスパラガスを加えて、ヘラで混ぜながらとろみがつくまで煮たら、塩で味をととのえる。

4 スープジャーに入れ、粗びき黒こしょうをふり、蓋をする。

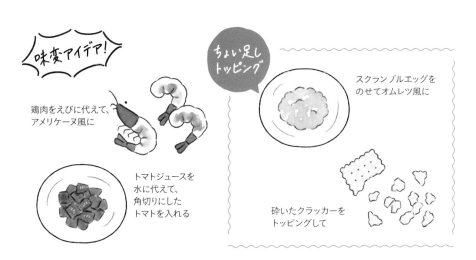

味変アイデア！

鶏肉をえびに代えて、
アメリケーヌ風に

トマトジュースを
水に代えて、
角切りにした
トマトを入れる

ちょい足し
トッピング

スクランブルエッグを
のせてオムレツ風に

砕いたクラッカーを
トッピングして

20

バゲットを浸しながら
食べるのもおすすめ！
濃厚スープが染みて美味

カレー味　作りおき　冷蔵3日

カレー粉でヘルシー＆食べ応えバッチリ！

鶏肉のカレー風味コンソメスープ

材料 （1食分／ジャー400㎖）

鶏もも肉… 100g
さやいんげん
　… 4〜6本 (30g)
しめじ… 80g
A 水… 200㎖
　顆粒ブイヨン
　　…大さじ½
　カレー粉…小さじ1
塩・こしょう…各適量

作り方

1 鶏肉はひと口大に切り、さやいんげんはヘタを取り除いて3〜4㎝長さに切る。しめじは小房に分ける。

2 小鍋にA、1を入れて中火にかける。沸とうしたら蓋をして、弱火で2分ほど煮る。塩、こしょうで味をととのえる。

3 スープジャーに入れ、蓋をする。

味変アイデア！

顆粒ブイヨンを
めんつゆ（3倍濃縮）
大さじ1と½に
代えて

ごはんも進むカレー味。
小さめのおにぎりを添えて
しっかりランチも◎

ブロッコリーの栄養は水に溶けやすいから、スープでとり入れるのがベスト！

コンソメ味 ｜ 作りおき ｜ 冷蔵2〜3日

バターを加えて旨みの底上げ！

鶏ささみとブロッコリーの オニオンスープ

材料 （1食分／ジャー400㎖）

鶏ささみ…小2本
　（100g〜120g）
玉ねぎ…¼個
ブロッコリー…60g
バター…5g
A　水…200㎖
　　顆粒ブイヨン
　　　…大さじ½
　　しょうゆ…小さじ½
塩・こしょう・粉チーズ
　…各適量

作り方

1　鶏ささみは筋を取り除き、薄切りにする。玉ねぎは薄切りにし、ブロッコリーは小房に分ける。

2　小鍋にバターを中火で熱し、鶏ささみ、玉ねぎを入れて1分ほど炒める。

3　A、ブロッコリーを加え、沸とうしたら蓋をして、弱火で1分ほど煮る。塩、こしょうで味をととのえる。

4　スープジャーに入れ、粉チーズをかけ、蓋をする。

ちょい足しトッピング

ピザ用チーズとみじん切りにしたパセリをのせる

23

根菜がたっぷりで、
食べ応え満点。
気分もほっこり

(カレー味)(作りおき)(冷蔵2〜3日)

カレールウを使って濃いめの味つけに

鶏肉とれんこんの
豆乳クリームカレー

(材料)（1食分／ジャー400㎖）

鶏もも肉… 100g
れんこん… 60g
にんじん… 40g
バター… 5g
水… 150㎖
カレールウ… 20g
豆乳（成分無調整）… 50㎖
塩・こしょう…各適量

(作り方)

1 鶏肉は2cm角に切る。れんこんは5mm厚さのいちょう切り、にんじんは乱切りにする。

2 フライパンにバターを中火で熱し、**1**を入れて炒める。全体にバターが回ったら水を加え、沸とうしたら蓋をして、弱火で1〜2分煮る。

3 カレールウを加えて溶かし、豆乳を加えてヘラで混ぜながらとろみがつくまで煮る。塩、こしょうで味をととのえる。

4 スープジャーに入れ、蓋をする。

味変アイデア！

カレールウを
顆粒ブイヨン・
カレー粉各大さじ½
に代える

じゃがいもは
ビタミンCが豊富なので、
風邪予防にも

【コンソメ味】 【作りおき】 冷蔵2〜3日

冬に食べたくなるやさしい味わい

鶏肉とじゃがいもの
ホワイトシチュー

（材料）（1食分／ジャー400㎖）

鶏もも肉…100g
じゃがいも
　…小1個（正味70g）
ブロッコリー…50g
バター…5g
小麦粉…大さじ1
A　水…150㎖
　｜顆粒ブイヨン
　｜　…大さじ½
牛乳…50㎖
塩・こしょう…各適量

（作り方）

1 鶏肉は2〜3cm角に切り、塩、こしょうをふる。じゃがいもは2〜3cm角に切り、ブロッコリーは小房に分ける。

2 小鍋にバターを中火で熱し、鶏肉、じゃがいもを入れて炒める。全体にバターが回ったら小麦粉をまぶし、Aを加える。沸とうしたら蓋をして、弱火で2〜3分煮る。

3 ブロッコリー、牛乳を加えてひと煮し、塩、こしょうで味をととのえる。

4 スープジャーに入れ、蓋をする。

味変アイデア！

顆粒ブイヨンを
和風顆粒だし
小さじ½、みそ
小さじ2に代えて

25

酸味 作りおき 冷蔵3日

もずく酢の酸味が絶妙！

鶏肉とチンゲン菜と もずくのザーサイスープ

材料 (1食分／ジャー400㎖)

鶏むね肉…100g
チンゲン菜…80g
もずく酢…1パック (80g)
ザーサイ…20g
A 水…180㎖
　　鶏がらスープの素…小さじ1
塩・こしょう…各適量
ラー油…適宜

作り方

1 鶏肉は皮を取り除き、1cm幅×5cm長さに切り、塩、こしょうをふる。チンゲン菜はざく切りにする。

2 小鍋にA、1、ザーサイを入れて中火にかける。沸とうしたら蓋をして、弱火で1分ほど煮る。もずく酢を汁ごと加えてひと煮し、塩、こしょうで味をととのえる。

3 スープジャーに入れ、お好みでラー油をたらし、蓋をする。

味変アイデア！

鶏むね肉を市販の
チャーシューに
代えて

もずく酢を
わかめに代えて

ちょい足し
トッピング

黒酢を加えて
酸味をプラス

小口切りにした
長ねぎを加えて

チンゲン菜と
ラー油で一気に
中華風に！

おろししょうがが
入っているから、寒い冬に
体の芯から温まる！

〔鶏がらスープ味〕 〔作りおき 冷蔵2〜3日〕

もち麦を入れて腹持ちアップ！

鶏肉としいたけと
大根のサムゲタン風

〔材料〕（1食分／ジャー400㎖）

鶏もも肉…100g
大根…60g
しいたけ…2枚
もち麦（またはオートミール）…大さじ1
A　水…200㎖
　　鶏がらスープの素・おろしにんにく・
　　おろししょうが…各小さじ1
塩・クコの実（あれば／水で戻す）…各適量

ちょい足し
トッピング

市販の甘栗をトッピングして
やさしい甘みをプラス

〔作り方〕

1 鶏肉は2〜3cm角に切り、大根は6
mm厚さのいちょう切り、しいたけ
は薄切りにする。

2 小鍋にA、1を入れて中火にかける。
沸とうしたら蓋をして、弱火で2分
ほど煮る。もち麦を加えてひと煮し、
塩で味をととのえる。

3 スープジャーに入れ、クコの実をの
せ、蓋をする。

＊熱いうちにスープジャーに入れてもち麦に
火を通す。

オイスターソース味 **作りおき** **冷蔵2〜3日**

オイスターソースで旨みたっぷり！

鶏ささみと水菜ともやしの
オイスターソーススープ

材料（1食分／ジャー400ml）

鶏ささみ…小2本
　　（100g〜120g）
水菜…20g
もやし…80g
A　水…200ml
　　オイスターソース
　　　…小さじ2
　　鶏がらスープの素
　　　…小さじ1
塩・こしょう…各適量

作り方

1 鶏ささみは筋を取り除き、そぎ切りにする。水菜は3〜4cm長さに切る。

2 小鍋にA、鶏ささみ、もやしを入れて中火にかける。沸とうしたら蓋をして、弱火で2分ほど煮る。水菜を加えてさっと煮たら、塩、こしょうで味をととのえる。

3 スープジャーに入れ、蓋をする。

味変アイデア！

オイスターソースをしょうゆ小さじ1に代えて

もやしと水菜のシャキシャキ食感が◎。オイスターソースで手軽に中華風！

29

ナンプラー味　作りおき　冷蔵2日

ミニトマトは丸ごと入れて！

鶏肉と豆苗とミニトマトのエスニックスープ

材料 （1食分／ジャー400㎖）

鶏もも肉…100g
豆苗…50g
ミニトマト…6個
A 水…200㎖
　ナンプラー
　　…大さじ½
　鶏がらスープの素
　　…小さじ½
レモン汁…小さじ1

作り方

1 鶏肉は2〜3cm角に切り、豆苗は根元を切り落として3等分の長さに切る。

2 小鍋にA、鶏肉を入れて中火にかける。沸とうしたら蓋をして、弱火で2分ほど煮る。豆苗、ミニトマト、レモン汁を加えてさっと煮る。

3 スープジャーに入れ、蓋をする。

ちょい足し
トッピング

ごま油を
最後に回しかけて

プチッとはじけるミニトマトで
みずみずしさを感じる
さわやかなスープに

水溶き片栗粉を加えて
とろみをプラス＆
保温力アップ！

鶏がらスープ味　作りおき　冷蔵 2〜3 日

しょうがをピリッときかせて

鶏肉とえのきとオクラの
とろとろ中華スープ

材料 （1食分／ジャー400㎖）

鶏むね肉… 100g
えのきだけ… 80g
オクラ… 4本
A 水… 200㎖
　鶏がらスープの素・しょうゆ・
　おろししょうが…各小さじ1
塩・粗びき黒こしょう…各適量
水溶き片栗粉…片栗粉大さじ½＋水大さじ1

ちょい足し
トッピング

オートミールを加えて
食物繊維をプラス

作り方

1 鶏肉は皮を取り除き、1〜2㎝角に切り、えのきだけは石づきを切り落として半分の長さに切る。オクラは板ずりをして縦半分に切る。

2 小鍋にA、鶏肉を入れて中火にかける。沸とうしたら蓋をして、弱火で2分ほど煮る。えのきだけ、オクラを加えてひと煮し、塩で味をととのえる。水溶き片栗粉を加えてとろみをつける。

3 スープジャーに入れ、粗びき黒こしょうをふり、蓋をする。

みそ味 ｜ 作りおき ｜ 冷蔵3日

ごぼうの香りがふんわり広がる

ごぼうとこんにゃくの豚汁

材料（1食分／ジャー400mℓ）

豚こま切れ肉…100g
ごぼう・こんにゃく（アク抜き
　済み）…各50g
ごま油…大さじ½
A　水…250mℓ
　｜ 和風顆粒だし…小さじ½
みそ…大さじ1
小ねぎ（小口切り）…適量

作り方

1 豚肉は3cm幅に切り、ごぼうはささがき、こんにゃくは短冊切りにする。

2 小鍋にごま油を中火で熱し、豚肉、ごぼうを入れて豚肉の色が変わるまで炒める。

3 こんにゃく、Aを加える。沸とうしたら蓋をして、弱火で1〜2分煮たらみそを溶け入れる。

4 スープジャーに入れ、小ねぎを散らし、蓋をする。

味変アイデア！

キムチを加えて
ピリ辛に

豚肉を牛肉に
代えて旨みアップ

ちょい足し
トッピング

油揚げを加えて
コクをアップ

最後に
七味唐辛子をふる

ごぼうが入って
滋味深い味わいに。
具材を代えた
アレンジも楽しんで

豚肉ともやしの
間違いない組み合わせで
ガッツリランチに

ピリ辛味　作りおき　冷蔵3日

食欲をそそるピリ辛味
豚もやしとにらの
ピリ辛みそ汁

（材料）（1食分／ジャー400㎖）

豚バラ薄切り肉…100g
もやし…80g
にら…20g
赤唐辛子（輪切り）
　…1/2本分
ごま油…小さじ1
A 水…250㎖
　 めんつゆ（3倍濃縮）
　　…小さじ1
みそ…大さじ1

（作り方）

1 豚肉は1cm幅に切り、にらは3
　〜4cm長さに切る。

2 小鍋にごま油、赤唐辛子を中火
　で熱し、豚肉を入れて炒め、豚
　肉の色が変わったらもやしを加
　えてさっと炒める。

3 Aを加えて、沸とうしたらにら
　を加え、みそを溶き入れる。

4 スープジャーに入れ、蓋をする。

味変アイデア！

最後に酢を加えて
酸味をプラス

みょうがの食感と風味が
アクセントになって◎
トロッとしたなすも美味

(白だし味)(作りおき 冷蔵3日)

みょうがの香りがたまらない

豚肉となすとみょうがの
しょうが汁

(材料)（1食分／ジャー400㎖）

豚こま切れ肉… 100g
なす… 1本
みょうが… 2本
A 水… 250㎖
　白だし… 大さじ1
　しょうゆ… 大さじ1/2
　おろししょうが
　　…小さじ1
塩… 適量

(作り方)

1 なすは乱切り、みょうがは縦半分に切る。

2 小鍋にAを入れて中火にかける。沸とうしたら豚肉、**1**を加え、蓋をして1〜2分煮る。塩で味をととのえる。

3 スープジャーに入れ、蓋をする。

ちょい足し
トッピング

市販のなめたけを
トッピングして

35

栄養価の高い
切り干し大根で、
食べ応えのある一杯に

みそ味　作りおき　冷蔵3日

切り干し大根のシャキシャキ感がクセになる！

豚肉と切り干し大根と絹さやのみそ汁

材料 （1食分／ジャー400㎖）

豚こま切れ肉…120g

切り干し大根（乾燥）
　…15g

絹さや…10枚

A 水…250㎖

　和風顆粒だし
　　…小さじ½

みそ…大さじ1

作り方

1 絹さやは筋を取り除く。

2 小鍋にAを入れて中火にかける。沸とうしたら豚肉、切り干し大根を加え、蓋をして1分ほど煮る。1を加え、みそを溶き入れる。

3 スープジャーに入れ、蓋をする。

ちょい足し
トッピング

桜えび（乾燥）
をトッピングして

36

豆乳とみその
組み合わせが絶品。
豆乳でたんぱく質が補える
のもうれしいポイント

【みそ味】【作りおき】 冷蔵2〜3日

豚肉としめじの旨みが溶け込んで美味

豚バラとしめじの
豆乳みそスープ

（材料）（1食分／ジャー400㎖）

豚バラ薄切り肉…100g
しめじ…80g
にら…20g
　A　水…180㎖
　　　めんつゆ（3倍濃縮）
　　　…大さじ1/2
豆乳（成分無調整）…50㎖
みそ…大さじ1

（作り方）

1 豚肉、にらは2〜3cm長さに切り、しめじは小房に分ける。

2 小鍋にAを入れて中火にかける。沸とうしたら豚肉、しめじを加え、蓋をして1分ほど煮る。豆乳を加えてひと煮し、みそを溶き入れ、にらを加える。

3 スープジャーに入れ、蓋をする。

味変アイデア！

豆板醤を加えて
ピリ辛に

コンソメ味　作りおき　冷蔵3日

歯応えのある食材で満足感アップ

豚肉とかぶとエリンギの
コンソメスープ

材料 （1食分／ジャー400㎖）

豚こま切れ肉… 100g
かぶ… 小1個（正味70g）
エリンギ… 1本
A　水… 200㎖
　　顆粒ブイヨン… 大さじ½
塩… 適量

作り方

1 かぶは葉の部分を3㎝ほど残して切り落とし、くし形切りにする。エリンギは半分の長さに切り、薄切りにする。

2 小鍋にA、豚肉、1を入れ、蓋をして中火で2分ほど煮る。塩で味をととのえる。

3 スープジャーに入れ、蓋をする。

味変アイデア！　＊同時の味変はNG

顆粒ブイヨンを
白だし大さじ1と½に
代えて

水を
トマトジュースに
代えて

ちょい足し
トッピング

角切りにした
プロセスチーズを
プラス

CHEESE

小口切りにした
小ねぎを
たっぷりのせて

冬から春にかけて旬の
かぶを丸々1個入れて、
ボリュームのある一杯に

コンソメ味　作りおき　冷蔵2〜3日

豆乳のまろやかなスープが後を引く

豚肉とじゃがいもと ブロッコリーの豆乳スープ

材料 （1食分／ジャー400㎖）

豚こま切れ肉… 100g
じゃがいも
　…小1個（正味70g）
ブロッコリー… 50g
A　水… 120㎖
　　顆粒ブイヨン
　　　…大さじ1/2
豆乳（成分無調整）… 100㎖
塩・こしょう…各適量

作り方

1 豚肉は2㎝幅に切り、じゃがいもは6㎜厚さのいちょう切りにする。ブロッコリーは小房に分ける。

2 小鍋にA、豚肉、じゃがいもを入れ、蓋をして中火で2分ほど煮る。豆乳、ブロッコリーを加えてひと煮し、塩、こしょうで味をととのえる。

3 スープジャーに入れ、蓋をする。

ちょい足し
トッピング

おろしにんにくを
加えて

ブロッコリーに
含まれるのは
水溶性のビタミンなので、
スープで丸ごと
いただくのが◎

粉チーズでカルシウムと
コクをプラス！
最後にパパッとふりかけて

(トマト味)　(作りおき)　冷蔵3日

トマトジュースでジューシーなスープに

豚バラと白菜の
トマトチーズスープ

(材料)（1食分／ジャー400㎖）

豚バラ薄切り肉… 100g
白菜… 70g
ピーマン… 1個
A トマトジュース… 150㎖
　水… 50㎖
　顆粒ブイヨン・はちみつ
　　…各小さじ1
塩・こしょう…各適量
粉チーズ…小さじ2

(作り方)

1 豚肉は3cm幅に切り、白菜
はざく切り、ピーマンは乱
切りにする。

2 小鍋にA、1を入れ、蓋を
して中火で1〜2分煮る。塩、
こしょうで味をととのえる。

3 スープジャーに入れ、粉チ
ーズをかけ、蓋をする。

味変アイデア！

粉チーズを
ピザ用チーズに代えて

さつまいもは
低GI食品なので、
ダイエット中にもおすすめ！

コンソメ味　作りおき　冷蔵3日

食材のやさしい甘みを生かしたスープ

豚肉とさつまいもと玉ねぎの ジンジャースープ

材料 （1食分／ジャー400㎖）

豚こま切れ肉… 100g
さつまいも… 60g
玉ねぎ… 1/4個
オリーブ油… 小さじ2
A 水… 200㎖
　顆粒ブイヨン
　…大さじ1/2
　おろししょうが
　…小さじ1
塩・こしょう…各適量

作り方

1 さつまいもは半月切りにし、玉ねぎは薄切りにする。

2 小鍋にオリーブ油を中火で熱し、豚肉、玉ねぎを入れてさっと炒める。

3 さつまいも、Aを加えて、沸とうしたら蓋をして、弱火で2分ほど煮る。塩、こしょうで味をととのえる。

4 スープジャーに入れ、蓋をする。

味変アイデア！

顆粒ブイヨンをめんつゆ（3倍濃縮）大さじ1/2に代えて

トマト味　作りおき　冷蔵3日

旨みたっぷりで食べ応えも満点！

豚肉のハヤシスープ

（材料）（1食分／ジャー400㎖）

豚こま切れ肉…100g

玉ねぎ…¼個

しめじ…60g

オリーブ油…小さじ2

A　トマトジュース…180㎖

　　水…50㎖

　　中濃ソース…大さじ1

　　顆粒ブイヨン・おろしにんにく…各小さじ1

塩・こしょう・パセリ（みじん切り）…各適量

味変アイデア！

豚肉を牛肉に代えて旨みアップ。
きのこの種類を代えても◎

（作り方）

1 玉ねぎは薄切りにして、しめじは小房に分ける。

2 小鍋にオリーブ油を中火で熱し、豚肉、玉ねぎを入れて炒める。

3 しめじ、Aを加え、沸とうしたら蓋をして、弱火で1分ほど煮る。塩、こしょうで味をととのえる。

4 スープジャーに入れ、パセリをふり、蓋をする。

抗酸化作用の
高いリコピンを、
トマトジュースから
摂取できるのが
ポイント！

ピリ辛味　**作りおき** 冷蔵3日

にんにくをきかせて食欲増進！

豚バラとほうれん草の韓国風スープ

材料 （1食分／ジャー400㎖）

豚バラ薄切り肉… 100g
ほうれん草 (冷凍)… 30g
もやし… 100g
A 水… 180㎖
　 コチュジャン… 小さじ2
　 しょうゆ・おろしにんにく… 各小さじ1
　 鶏がらスープの素… 小さじ½
白すりごま… 大さじ½

作り方

1 豚肉は3㎝幅に切る。

2 小鍋にA、1、ほうれん草、もやしを入れ、蓋をして中火で1〜2分ほど煮る。

3 スープジャーに入れ、白すりごまをふり、蓋をする。

MEMO

普通のほうれん草 (50g) を使う場合は、アクが強いので、沸とうした湯でさっとゆでるか、ラップに包んで電子レンジで1分ほど加熱する。加熱後は水にさらし、冷めたら水けを絞って3〜4㎝長さに切って使用する。

味変アイデア！

もやしを大豆もやしに
代えて食感をプラス

白すりごまを
白練りごまに代えて
濃厚に

ねりごま

ちょい足し
トッピング

刻んだたくあんを
トッピング

韓国海苔

食べる直前に
ちぎった韓国のりを
散らす

豚バラ肉と、
白すりごまのコクで
濃厚な仕上がりに！

ほんのりと苦味のある
ピーマンがおいしい！
溶き卵を加えて
たんぱく質をプラス

（カレー味）（作りおき）冷蔵2〜3日

豚バラの旨みがスープに溶け込んで美味

豚バラとピーマンの
カレー卵スープ

（材料）（1食分／ジャー400㎖）

豚バラ薄切り肉… 100g
ピーマン… 1個
キャベツ… 50g
溶き卵… 1個分
A 水… 200㎖
　 鶏がらスープの素
　 …大さじ½
カレー粉…小さじ1
塩・こしょう…各適量

（作り方）

1 豚肉、ピーマンは1㎝幅に切り、キャベツは2〜3㎝四方に切る。

2 小鍋にA、1を入れ、蓋をして中火で2分ほど煮る。カレー粉、溶き卵を加えて混ぜ、卵が固まってきたら塩、こしょうで味をととのえる。

3 スープジャーに入れ、蓋をする。

ちょい足し
トッピング

福神漬けを
トッピング

46

セロリの風味と、
ナンプラーの香りで
一気にエスニックスープに

ナンプラー味 作りおき 冷蔵2〜3日

トマトとセロリでさわやかな一杯

豚バラとセロリとトマトの
ナンプラースープ

材料 （1食分／ジャー400㎖）

豚バラ薄切り肉…100g
セロリ…½本（40〜50g）
トマト…½個
A 水…180㎖
　 ナンプラー…大さじ1
　 鶏がらスープの素
　 　…小さじ½
粗びき黒こしょう…適量

作り方

1 豚肉は1cm幅に切り、セロリは細切り、トマトはくし形切りにする。

2 小鍋にA、豚肉、セロリを入れ、蓋をして中火で1〜2分煮たら、トマトを加える。

3 スープジャーに入れ、粗びき黒こしょうをふり、蓋をする。

ちょい足し
トッピング

赤唐辛子の
輪切りをプラスして

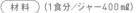

47

（鶏がらスープ味）（作りおき）冷蔵2〜3日

春雨が入って、主食感のあるスープに

豚肉と春雨とキャベツの スープ

（材料）（1食分／ジャー400㎖）

豚こま切れ肉… 100g

キャベツ… 60g

春雨（乾燥／小玉タイプ）
　… 1玉（10g）

ミニトマト… 5個

A 水… 200㎖

　鶏がらスープの素
　　… 大さじ½

塩… 適量

（作り方）

1 キャベツはざく切りにする。

2 小鍋にA、豚肉、春雨、**1**を入れ、蓋をしてキャベツがくったりするまで中火で1〜2分煮る。ミニトマトを加え、塩で味をととのえる。

3 スープジャーに入れ、蓋をする。

ちょい足し
トッピング

輪切りにした
レモンをプラスして

シンプルな味つけなのに、豚肉の旨みやキャベツの甘みで何度も食べたくなる！

もやしやキャベツを
プラスしても◎。
アレンジのしやすい
スープです

キムチ味 **作りおき** 冷蔵3日

ガツンとした味わいがたまらない

豚バラキムチスープ

（**材料**）（1食分／ジャー400㎖）

豚バラ薄切り肉… 100g
木綿豆腐…小1/2丁(75g)
しいたけ… 2枚
白菜キムチ… 50g
A 水… 180㎖
　 しょうゆ…小さじ1
　 鶏がらスープの素
　　　…小さじ1/2
一味唐辛子…適宜

（**作り方**）

1 豚肉は3㎝幅に切る。豆腐は
食べやすい大きさに切り、し
いたけは薄切りにする。

2 小鍋にA、1、キムチを入れ、
蓋をして中火で2分ほど煮る。

3 スープジャーに入れ、お好み
で一味唐辛子をふり、蓋をす
る。

ちょい足し
トッピング

角切りにした
プロセスチーズを
プラス

牛肉＋野菜 和

甘辛味 ｜ **作りおき** ｜ **冷蔵3日**

和食の定番おかずをスープにアレンジ！

肉じゃがスープ

材料 （1食分／ジャー400㎖）

牛こま切れ肉… 100g
じゃがいも… 1個（正味80g）
玉ねぎ… 1/4個
　A ｜ 水… 200㎖
　　｜ めんつゆ（3倍濃縮）… 大さじ2
　　｜ 砂糖… 小さじ1
小ねぎ（小口切り）… 適量

作り方

1 じゃがいもはひと口大に切り、玉ねぎはくし形切りにする。

2 小鍋に**A**、牛肉、**1**を入れて中火にかける。沸とうしたら蓋をして、弱火で3分ほど煮る。

3 スープジャーに入れ、小ねぎを散らし、蓋をする。

味変アイデア！

めんつゆを
小さじ1に減らして、
みそ大さじ1、
砂糖小さじ1を加える

カレー粉
小さじ1を
プラスして

ちょい足しトッピング

キムチや
コチュジャンを加えて
カムジャタン風に

最後に
七味唐辛子をふる

スープジャーの蓋をして、
余熱でじゃがいもが
やわらかくなり、
ランチで食べごろに！

牛肉と豆腐の
ダブルたんぱく質で
ボリューム感満点！

（甘辛味）（作りおき）（冷蔵3日）

細切り野菜でたっぷり食べられる！

牛きんぴらスープ

（材料）（1食分／ジャー400㎖）

牛こま切れ肉…60g
ごぼう…50g
にんじん…40g
木綿豆腐
　…小½丁（75g）
ごま油…小さじ2
A 水…200㎖
　　しょうゆ…小さじ2
　　砂糖…小さじ1
　　和風顆粒だし
　　　…小さじ½
塩…適量

（作り方）

1 ごぼう、にんじんは細切りにし、豆腐は2㎝角に切る。

2 小鍋にごま油を中火で熱し、牛肉、ごぼう、にんじんを入れて炒める。

3 A、豆腐を加え、沸とうしたら蓋をして、弱火で1〜2分煮る。塩で味をととのえる。

4 スープジャーに入れ、蓋をする。

ちょい足し
トッピング

油揚げを加えて
コクをアップ

タレ味 作りおき 冷蔵3日

おにぎりと一緒に食べたいガッツリ味

牛肉とピーマンの焼肉スープ

材料（1食分／ジャー400㎖）

牛肉（焼肉用）… 110g
ピーマン… 2個
長ねぎ… 30g
焼肉のタレ… 大さじ3
サラダ油… 小さじ2
A 水… 200㎖
　│ しょうゆ… 小さじ1
塩・白いりごま… 各適量

作り方

1 ピーマンは1.5㎝幅に切り、長ねぎは斜め薄切りにする。

2 小鍋にサラダ油を中火で熱し、牛肉を入れて焼く。

3 1、焼肉のタレ、Aを加え、蓋をして2分ほど煮る。塩で味をととのえる。

4 スープジャーに入れ、白いりごまをふり、蓋をする。

ちょい足しトッピング

春雨を加えて
チャプチェ風に

焼肉のタレで
スープを味つけ！
子どもから大人まで、
食欲そそる一杯に

トマト味　**作りおき**　**冷蔵3日**

トマトとセロリでさわやかな一杯に

ミネストローネ風
牛こまスープ

（材料）（1食分／ジャー400㎖）

牛こま切れ肉…100g

セロリ…60g

にんじん…40g

A　トマトジュース…120㎖

　　水…100㎖

　　顆粒ブイヨン…大さじ½

　　ローリエ（あれば）…1枚

塩・こしょう…各適量

（作り方）

1 セロリ、にんじんは1㎝角に切る。

2 小鍋にA、牛肉、1を入れて中火にかける。沸とうしたら蓋をして、弱火で2分ほど煮る。塩、こしょうで味をととのえる。

3 スープジャーに入れ、蓋をする。

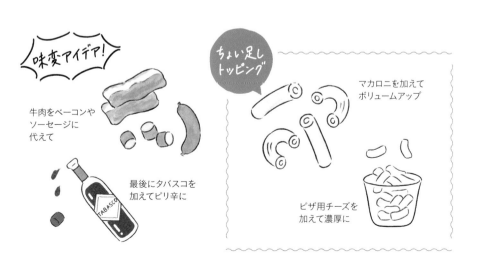

味変アイデア！

牛肉をベーコンや
ソーセージに
代えて

最後にタバスコを
加えてピリ辛に

**ちょい足し
トッピング**

マカロニを加えて
ボリュームアップ

ピザ用チーズを
加えて濃厚に

野菜は同じサイズに切って、火の通りにムラがないようにするのがポイント！

> シンプルな塩スープに
> 粗びき黒こしょうを
> キリッときかせて

（塩味）（作りおき）（冷蔵3日）

パプリカの甘みを生かしたスープ
牛肉とパプリカと 玉ねぎの塩スープ

（材料）（1食分／ジャー400㎖）

牛バラ薄切り肉…100g
パプリカ（赤）…½個
玉ねぎ…¼個
A 水…200㎖
　おろしにんにく
　　…小さじ1
　塩…小さじ⅓
　ローリエ（あれば／
　　またはタイム）…1枚
塩・粗びき黒こしょう…各適量

（作り方）

1 パプリカは1.5cm四方に切り、玉ねぎはくし形切りにする。

2 小鍋にA、牛肉、1を入れて中火にかける。沸とうしたら蓋をして、弱火で2分ほど煮る。塩で味をととのえる。

3 スープジャーに入れ、粗びき黒こしょうをふり、蓋をする。

味変アイデア！

塩の代わりに
カレールウ
1かけを加える

コンソメ味　作りおき　冷蔵2〜3日

枝豆のプチプチ感が楽しい！

牛肉とほうれん草と枝豆の豆乳コンソメスープ

材料 （1食分／ジャー400㎖）

牛こま切れ肉…100g
ほうれん草（冷凍／
　P44MEMO参照）…70g
枝豆（冷凍／さや付き）
　…正味30g
A　水…100㎖
　　顆粒ブイヨン
　　　…大さじ½
豆乳（成分無調整）…120㎖
塩…適量

作り方

1 枝豆は解凍し、さやから取り出す。

2 小鍋にA、牛肉、ほうれん草、1を入れ、蓋をして中火で1〜2分煮る。アクを取り除き、豆乳を加えてひと煮し、塩で味をととのえる。

3 スープジャーに入れ、蓋をする。

味変アイデア！

顆粒ブイヨンを
鶏がらスープの素
大さじ½に
代えて

枝豆と豆乳で、
植物性のたんぱく質が
しっかりとれる！

（ピリ辛味）（作りおき）冷蔵2〜3日

牛肉とピリ辛味の組み合わせがたまらない

もやしとにらの
牛カルビスープ

（材料）（1食分／ジャー400㎖）

牛カルビ肉…100g
もやし…100g
にら…20g
ごま油…大さじ1/2
A　水…200㎖
　　焼肉のタレ…大さじ1
　　コチュジャン…小さじ2
　　しょうゆ…小さじ1
塩…適量

（作り方）

1 にらはざく切りにする。

2 小鍋にごま油を中火で熱し、牛肉を入れて炒める。

3 A、もやしを加えてひと煮し、**1**を加え、塩で味をととのえる。

4 スープジャーに入れ、蓋をする。

味変アイデア！

最後に酢を加えて
酸味をプラス

もやしを
大豆もやしに代えて
食感をプラス

ちょい足し
トッピング

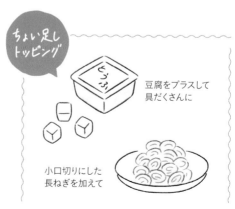

豆腐をプラスして
具だくさんに

小口切りにした
長ねぎを加えて

牛肉の旨みと、
もやしの食感で
モリモリ食べられる！

コーンの甘みと、
ミルクのスープで
やさしい味わいに

鶏がらスープ味 作りおき 冷蔵2〜3日

コーンのみずみずしさと食感が◎

牛肉入り中華風
コーンスープ

材料 （1食分／ジャー400㎖）

牛こま切れ肉 … 100g

長ねぎ … 40g

さやいんげん … 12本（60g）

コーン（缶または冷凍）… 30g

A 水 … 100㎖
 　鶏がらスープの素 … 大さじ½

牛乳 … 100㎖

水溶き片栗粉
　… 片栗粉大さじ½＋水大さじ1

ごま油・塩 … 各適量

作り方

1 長ねぎは斜め薄切りにし、さやいんげんはヘタを取り除いて3㎝長さに切る。

2 小鍋にA、牛肉、1を入れ、蓋をして中火で2分ほど煮る。アクを取り除き、コーン、牛乳を加えてひと煮し、水溶き片栗粉を加えてとろみをつける。ごま油を軽く加えて、塩で味をととのえる。

3 スープジャーに入れ、蓋をする。

ちょい足し
トッピング

溶き卵を加えてボリュームアップ

ピリ辛味 　作りおき 　冷蔵3日

ナンプラーとレモン汁でエスニック風に！

牛肉と小松菜の
ピリ辛春雨スープ

材料 （1食分／ジャー400㎖）

牛切り落とし肉…100g

小松菜…80g

にんじん…20g

春雨（乾燥／小玉タイプ）…1玉（10g）

A 水…200㎖

　ナンプラー…小さじ2

　鶏がらスープの素…小さじ½

　赤唐辛子（輪切り）…1本分

レモン汁…小さじ1

塩・こしょう…各適量

作り方

1 小松菜はざく切りにし、にんじんは細切りにする。

2 小鍋にA、牛肉、**1**、春雨を入れ、中火で2分ほど煮る。レモン汁を加え、塩、こしょうで味をととのえる。

3 スープジャーに入れ、蓋をする。

スイートチリソースを加えて甘辛味に

食欲を刺激する
ピリ辛×ナンプラー味で
箸が進みます

ひき肉＋野菜 和

みそ味　作りおき　冷蔵3日

トロッとしたのりがおいしい！

鶏つくねとキャベツの
のりみそ汁

材料 （1食分／ジャー400㎖）

鶏ひき肉・キャベツ…各100g
焼きのり…1枚

A 片栗粉…小さじ1
　 おろししょうが…小さじ½
　 塩・こしょう…各少々

B 水…250㎖
　 めんつゆ（3倍濃縮）…小さじ1

みそ…大さじ1

作り方

1 ボウルにひき肉、**A**を入れて混ぜる。キャベツはざく切りにし、のりはちぎる。

2 小鍋に**B**を入れて中火にかけ、沸とうしたら**1**の肉だねをスプーンでひと口大にして落とし入れ、1分ほど煮立てる。キャベツを加え、蓋をして弱火で2分ほど煮る。みそを溶き入れ、のりを加える。

3 スープジャーに入れ、蓋をする。

味変アイデア！

焼きのりを韓国のりに代える

水の⅓量を豆乳に代えてマイルドに

ちょい足しトッピング

梅肉を加えて酸味をプラス

ゆずこしょうをのせてアクセントに

ひき肉をつくねにすれば、
噛み応えもあって
満足度アップ！

弾力のあるエリンギで
食べ応えのあるスープに。
他のきのこに代えても！

めんつゆ味　作りおき　冷蔵3日

れんこんの滋味深い味わいが◎

れんこんとエリンギの肉みそスープ

材料（1食分／ジャー400㎖）

豚ひき肉…80g
れんこん…30g
エリンギ…2本
ごま油…大さじ½
おろししょうが…小さじ1
A みそ・酒…各小さじ1
　しょうゆ…小さじ½
B 水…200㎖
　めんつゆ（3倍濃縮）
　　…大さじ½

作り方

1 れんこんは4〜5mm厚さのいちょう切りにし、エリンギは食べやすい大きさに切る。

2 小鍋にごま油を中火で熱し、ひき肉、れんこん、しょうがを入れて炒める。

3 Aを加えて混ぜ、エリンギ、Bを加える。沸とうしたら蓋をして、弱火で2分ほど煮る。

4 スープジャーに入れ、蓋をする。

味変アイデア！

みそを
ナンプラー小さじ1
に代えて

みそ味 ｜ 作りおき ｜ 冷蔵3日

ジュワッと旨みあるひき肉でたんぱく質をプラス

じゃがいもとにんじんの
そぼろみそ汁

（ 材料 ）（1食分／ジャー400㎖）

豚ひき肉…80g
じゃがいも
　…小1個（正味70g）
にんじん…30g
ごま油・おろししょうが
　…各小さじ1
A　水…250㎖
　　和風顆粒だし
　　　…小さじ1/2
みそ…大さじ1

（ 作り方 ）

1 じゃがいもは乱切りにし、にんじんは5㎜厚さのいちょう切りにする。

2 小鍋にごま油を中火で熱し、ひき肉、しょうがを入れて、ひき肉の色が変わるまで炒める。

3 1、Aを加え、沸とうしたら蓋をして、弱火で2分ほど煮たら、みそを溶き入れる。

4 スープジャーに入れ、蓋をする。

味変アイデア！

水の1/3量を牛乳に
代えてミルクみそ汁に

にんじんに
含まれるβ-カロテンは、
免疫力アップ＆
老化防止に効果的！

ひき肉＋野菜 洋

コンソメ味 　作りおき 　冷蔵 3 日

あっさり鶏ひき肉にコンソメスープが合う！

サイコロお肉の
コンソメスープ

材料 （1食分／ジャー400㎖）

鶏ひき肉…100g
にんじん…20g
小松菜…80g
A 片栗粉…小さじ1
　｜ 塩・こしょう…各少々
B 水…200㎖
　｜ 顆粒ブイヨン…大さじ½
塩・こしょう…各適量

作り方

1 ボウルにひき肉、Aを入れて混ぜ、平らにして2㎝角に切る。にんじんは細切り、小松菜はざく切りにする。

2 小鍋にB、にんじんを入れて中火にかける。沸とうしたら1の肉だね、小松菜を加え、蓋をして弱火で2分ほど煮る。塩、こしょうで味をととのえる。

3 スープジャーに入れ、蓋をする。

味変アイデア！

カレー粉をプラスしてしっかり味に

顆粒ブイヨンを鶏がらスープの素に代えて中華風に

ちょい足しトッピング

ローリエやタイムを加えて煮て、風味をプラス

オートミールを加えて食物繊維をプラス

ひき肉で作る
サイコロお肉で
食べ応えアップ！
お財布にもやさしいのが
うれしい

トマトジュースと
ひき肉のコンビで
ジュワッとジューシー！

(トマト味) (作りおき) 冷蔵3日

トマトスープとアスパラガスの相性が◎

豚ひき肉のトマトスープ

(材料) (1食分／ジャー400mℓ)

豚ひき肉…80g
玉ねぎ…¼個
グリーンアスパラガス
　…2～3本（40～50g）
オリーブ油・おろしにんにく
　…各小さじ1
A トマトジュース…150mℓ
　水…100mℓ
　はちみつ…小さじ1
　塩…小さじ⅓
　ローリエ（あれば）…1枚

(作り方)

1 玉ねぎは薄切りにし、アスパラガスは根元の硬い部分を除き、3cm長さに切る。

2 小鍋にオリーブ油を中火で熱し、ひき肉、玉ねぎ、にんにくを入れて、玉ねぎがしんなりするまで炒める。

3 Aを加え、蓋をして2分ほど煮る。アスパラガスを加えてひと煮する。

4 スープジャーに入れ、蓋をする。

ちょい足し
トッピング

最後に
粉チーズをふる

コンソメ味　作りおき　冷蔵2〜3日

とろみのついたミルクスープがやさしい

鶏ひき肉と根菜のミルクスープ

（材料）（1食分／ジャー400㎖）

鶏ひき肉…80g

れんこん・ごぼう
　　…各50g

オリーブ油…小さじ1

小麦粉…大さじ1

A　水…150㎖
　　顆粒ブイヨン
　　…大さじ1/2

牛乳…100㎖

塩・こしょう・パセリ
　（みじん切り）…各適量

（作り方）

1 れんこんは7㎜厚さの半月切り、ごぼうは斜め薄切りにする。

2 小鍋にオリーブ油を中火で熱し、ひき肉、**1**を入れて、ひき肉の色が変わるまで炒める。小麦粉を加えて全体にまぶす。

3 Aを加えて蓋をして、ときどきヘラで混ぜながら1〜2分煮る。牛乳を加え、ヘラで混ぜながらひと煮し、塩、こしょうで味をととのえる。

4 スープジャーに入れ、パセリを散らし、蓋をする。

味変アイデア！

牛乳を豆乳に代えて植物性のたんぱく質をプラス

食物繊維が豊富なごぼうで、腹持ちアップ！整腸作用も期待できる！

（ピリ辛味）（作りおき）冷蔵2〜3日

ピリ辛で後引く味わい、大満足の一杯！

担々豆乳スープ

（**材料**）（1食分／ジャー400㎖）

豚ひき肉・もやし…各100g
にら…20g
ごま油…小さじ1
豆板醤…小さじ½
おろしにんにく・おろししょうが
　　…各小さじ1
A 豆乳…150㎖
　水…50㎖
　鶏がらスープの素…小さじ½
みそ…小さじ2
白すりごま…適量

（**作り方**）

1 にらはざく切りにする。

2 小鍋にごま油を中火で熱し、ひき肉、豆板醤を入れて、ひき肉の色が変わるまで炒める。もやし、**1**、にんにく、しょうがを加えてさっと炒める。

3 Aを加えてひと煮し、みそを溶き入れる。

4 スープジャーに入れ、白すりごまを加え、蓋をする。

＼味変アイデア！／

すりごまを
きな粉に代えて

豆乳を牛乳に
代えて

MILK

ちょい足し
トッピング

ラー油を加えて
辛さを調節

ラー油

おろししょうがを
加えて

ごまと豆乳で
濃厚なスープに。
ごはんを入れて食べても
おいしい！

ワンタンの皮を
具材にして食べ応えアップ！
ミニトマトの
さわやかさが◎

鶏がらスープ味　作りおき　冷蔵3日

肉ダネを包まないからカンタン！

ワンタンスープ

材料 （1食分／ジャー400㎖）

鶏ひき肉… 100g
小ねぎ… 20g
ミニトマト… 大6個
ワンタンの皮
　（または餃子の皮）… 3枚
おろししょうが・ごま油
　　…各小さじ1
A 水… 200㎖
　鶏がらスープの素
　　…小さじ1
　しょうゆ…小さじ½

作り方

1 小ねぎは4〜5㎝長さに切る。
ワンタンの皮は2㎝幅に切る。

2 小鍋にごま油を中火で熱し、
ひき肉、しょうがを入れて、
ひき肉の色が変わるまで炒め
る。

3 Aを加え、沸とうしたらワン
タンの皮を加えてひと煮し、
小ねぎ、ミニトマトを加える。

4 スープジャーに入れ、蓋をす
る。

ちょい足し
トッピング

ザーサイを
加えて
アクセントに

鶏団子には、
おろししょうがで
ほんのり風味をきかせて

鶏がらスープ味 ｜ **作りおき** ｜ 冷蔵3日

ピーマンとにんじんで色鮮やか
鶏団子中華スープ

（**材料**）（1食分／ジャー400㎖）

鶏ひき肉…100g

ピーマン…2個

にんじん…20g

A 片栗粉・おろししょうが
　　…各小さじ1
　塩・こしょう…各少々

B 水…220㎖
　鶏がらスープの素
　　…大さじ½

（**作り方**）

1 ボウルにひき肉、Aを入れて混ぜる。ピーマン、にんじんは細切りにする。

2 小鍋にBを入れて中火にかけ、沸とうしたら1の肉だねをスプーンでひと口大にして落とし入れる。蓋をして弱火で1分ほど煮たら、ピーマン、にんじんを加えてさっと煮る。

3 スープジャーに入れ、蓋をする。

味変アイデア！

ナンプラーを加えて
エスニック風に

ピリ辛味　作りおき　冷蔵3日

なすとにんじんは、炒めて栄養価アップ！
麻婆野菜

材料 （1食分／ジャー400㎖）

豚ひき肉…100g
なす…2本
にんじん…30g
サラダ油…小さじ2

A おろしにんにく・おろししょうが
　　…各小さじ1
　　豆板醤…小さじ½

B 水…100㎖
　　トマトケチャップ…大さじ1
　　砂糖・みそ…各小さじ1
　　鶏がらスープの素…小さじ½
水溶き片栗粉…片栗粉小さじ1＋水小さじ2

作り方

1 なすは乱切り、にんじんは短冊切りにする。

2 フライパンにサラダ油を中火で熱し、**1**を入れ、油がなじんでしんなりするまで炒める。端に寄せ、空いたスペースにひき肉、**A**を入れ、ひき肉の色が変わるまで炒める。

3 **B**を加えて煮て、ふつふつしてきたら水溶き片栗粉を加えてとろみをつける。

4 スープジャーに入れ、蓋をする。

味変アイデア！

野菜を厚揚げや
豆腐に代えて

最後に酢を加えて
酸味をプラス

ちょい足し
トッピング

黒酢を
最後にかけて
コクをプラス

山椒粉をふって
香りづけ

ごはんにのせて、
麻婆丼にしても◎。
子どものお弁当にも
ぴったりです

ケチャップ味　作りおき　冷蔵３日

カンタンなのに旨みたっぷりのハンバーグ！

レンジ煮込みハンバーグ

材料（1食分／ジャー400㎖）

合いびき肉… 150g
玉ねぎ… ¼個
ブロッコリー… 60g
A　パン粉… 大さじ1
　　マヨネーズ… 小さじ1
　　塩・こしょう・ナツメグ（あれば）… 各少々
B　水… 150㎖
　　トマトケチャップ… 大さじ2
　　中濃ソース… 大さじ1
　　砂糖… 小さじ1
水溶き片栗粉… 片栗粉小さじ1＋水小さじ2

作り方

1 ボウルにひき肉、Aを入れて混ぜ、4等分して成形する。玉ねぎは薄切りにし、ブロッコリーは小房に分ける。

2 耐熱容器にBを入れて混ぜ、1を加え、ラップをして電子レンジで3分ほど加熱する。水溶き片栗粉を加えてさっと混ぜ、再度ラップをしてさらに1〜2分加熱する。

3 スープジャーに入れ、蓋をする。

ちょい足し
トッピング

ピザ用チーズを
のせて

冷蔵庫にある調味料で
作れるお手軽ソース。
パンにもごはんにも
よく合う！

かに風味かまぼこは
旨みがあってリーズナブル！
たんぱく質もとれます

オイスターソース味 **作りおき** **冷蔵3日**

寒い日には、体を温めるあんかけおかずで

豚肉と白菜の中華あんかけ

材料 （1食分／ジャー400㎖）

豚こま切れ肉…120g

白菜…100g

しいたけ…2枚

かに風味かまぼこ…2本

ごま油…大さじ½

A 水…150㎖

　しょうゆ・オイスターソース…各小さじ2

　鶏がらスープの素・砂糖・酢…各小さじ1

水溶き片栗粉…片栗粉大さじ½＋水大さじ1

ちょい足し
トッピング

うずら卵の水煮をプラス
してボリュームアップ

作り方

1 白菜はざく切り、しいたけは薄切りにする。かに風味かまぼこは裂く。

2 フライパンにごま油を中火で熱し、豚肉を入れて色が変わるまで炒める。白菜、しいたけを加えてさらに炒める。

3 Aを加えて軽く煮たら、水溶き片栗粉を加えてとろみをつけ、かに風味かまぼこを加えてさっと混ぜる。

4 スープジャーに入れ、蓋をする。

一緒に食べたい

おにぎり＆混ぜごはんバリエ

バターのコクが
たまらない

たらこバターおにぎり

材料 (2個分)

温かいごはん… 200g
たらこ… 20g
バター… 3g
塩・青のり… 各適量

作り方

耐熱容器にたらこを入れ、ラップをして電子レンジで20秒加熱する。温かいごはん、バターを加えて混ぜ合わせ、手に軽く塩をつけて三角形に握る。青のりをふる。

みそチーズ焼きおにぎり

材料 (2個分)

温かいごはん… 200g
A みそ・砂糖
　… 各小さじ1
ピザ用チーズ… 20g

作り方

温かいごはんは三角形に握り、薄く油 (分量外) を塗ったアルミホイルにのせる。混ぜ合わせたAを塗り、チーズをのせる。オーブントースターの天板にアルミホイルごとのせ、チーズが溶けるまで焼く。

香ばしいチーズが
後を引く！

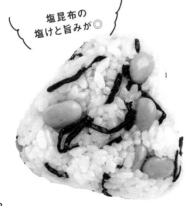

塩昆布の
塩けと旨みが◎

枝豆と塩昆布のおにぎり

材料 (2個分)

温かいごはん… 200g
枝豆 (冷凍／さや付き)
　… 正味30g
塩昆布… 10g
塩… 適量

作り方

枝豆は解凍してさやから取り出す。ボウルに温かいごはん、枝豆、塩昆布を入れて混ぜ合わせる。三角形に握り、軽く塩をまぶす。

鮭フレークだから
手軽に作れる！

鮭と青じその
混ぜごはん

(材料)（作りやすい分量）

温かいごはん…350g
鮭フレーク…30g
青じそ（刻む）…5枚分
塩…適量

(作り方)

ボウルに温かいごはん、鮭フレーク、青じそを入れて混ぜ合わせ、塩で味をととのえる。

ひじき混ぜごはん

ほっとする
やさしい味わい

(材料)（作りやすい分量）

温かいごはん…350g
芽ひじき（乾燥）…3g
にんじん（細切り）…20g
油揚げ（短冊切り）…½枚分
　A　しょうゆ・酒・みりん…各大さじ1
　｜　砂糖…小さじ1

(作り方)

耐熱容器に芽ひじき（乾燥のまま）、にんじん、油揚げ、混ぜ合わせた**A**を入れ、ラップをして電子レンジで3分加熱する。全体を混ぜてさらに1分加熱し、温かいごはんを加えて混ぜ合わせる。

鶏ごぼう混ぜごはん

(材料)（作りやすい分量）

温かいごはん…350g
鶏むね肉（小さく切る）…60g
ごぼう（ささがき）…40g
にんじん（細切り）…20g
　A　めんつゆ（3倍濃縮）…大さじ2
　｜　砂糖…小さじ1

(作り方)

耐熱容器に鶏肉、ごぼう、にんじん、混ぜ合わせた**A**を入れ、ラップをして電子レンジで3分加熱する。全体を混ぜ、ラップをせずにさらに1分加熱する。温かいごはんを加えて混ぜ合わせる。

鶏むね肉が入って
食べ応え満点！

さらにラクする！
スープアイデア

あなたは朝作る派？
作りおき派？

スープ弁当がラクに作れるアイデアをご紹介！ 冷凍食材を賢く使い、
スープを作りおきしながら、スープ弁当生活を楽しみましょう。

朝作る派なら

包丁、まな板さえ不要！
冷凍食材を活用しましょう

早起きをして、スープ弁当を作るのが大変…と
いうときは、冷凍野菜や冷凍肉を利用すると本
当にラク。包丁＆まな板さえ不要なので、眠い
目をこすりながらでも失敗なく作れます。冷凍
食材は市販のものを買うか、自分で切って冷凍
しておいてもOK。小松菜やキャベツ、白菜な
どは適度な大きさに切り、きのこは石づきを切
り落としてほぐし、そのまま冷凍用保存袋に入
れて冷凍すればOK。肉や魚もひと口大に切っ
て1食分ずつ冷凍しておくと便利です。

作りおき派なら

3日分の作りおきスープの
飽きない使いまわしアイデア

できれば朝はゆっくり寝ていたい…という人は、
スープを3日分ほど作りおきして、使い回すの
がおすすめ。3日連続で同じ味のスープを食べ
るのはさすがに飽きるという場合は、本書の特
長でもある「味変アイデア」を取り入れてみま
しょう。例えば、みそベースのスープの作りお
きをしたら、1日目はそのままで、2日目はカ
レー粉を足して思いっきり味変する、3日目は
牛乳とバターを足して洋風にするなど、味のバ
リエーションが広がるから飽きずに食べきれま
す。

野菜も魚介も
モリモリ食べる!
スープ弁当

良質な脂をとれる魚や、
旨みを手軽にアップできる魚介類で、
満足感たっぷりのスープに仕上がります。
缶詰やシーフードミックスを取り入れることで、
スープジャー生活の続けやすさも高まります。

みそ味 ・ 作りおき ・ 冷蔵2日

鮭が1切れ入って、腹持ち抜群

鮭となめこと大根の
みそ汁

材料 (1食分/ジャー400㎖)

生鮭 (切り身) … 1切れ (80〜90g)
なめこ … 80g
大根 … 60g
塩 … 適量
A 水 … 200㎖
　和風顆粒だし … 小さじ½
みそ … 小さじ2

作り方

1 鮭は4〜5等分に切り、塩をふる。なめこは
ザルに入れて水洗いし、大根は5㎜厚さのい
ちょう切りにする。

2 小鍋にA、大根を入れて中火にかける。沸と
うしたら鮭、なめこを加え、弱火で2分ほど
煮て、みそを溶き入れる。

3 スープジャーに入れ、蓋をする。

味変アイデア!

みそとだしを
白だし大さじ
1と½に
代えて

キムチを加えて
ピリ辛に

ちょい足し
トッピング

最後に
七味唐辛子をふる

小口切りにした
小ねぎを
たっぷりのせて

なめこでとろみのついた
みそ汁が、
ジワーッと体を温める！

バターのコクと風味で
魚が苦手な人でも
食べやすい！

みそ味　作りおき　冷蔵2日

ぶりの脂とみその相性が抜群！

ぶりと長いもと焼きねぎの
バターみそ汁

材料（1食分/ジャー400㎖）

ぶり（切り身）… 1切れ
長いも… 80g
長ねぎ… 40g
塩… 適量
バター… 5g
A　水… 200㎖
　　めんつゆ（3倍濃縮）
　　　… 大さじ½
みそ… 小さじ2

作り方

1 ぶりは4等分に切り、塩をふる。
　長いもは1㎝厚さの半月切りに
　し、長ねぎは3㎝長さに切る。

2 小鍋にバターを中火で熱し、長
　ねぎを入れ、軽く焼き色がつく
　まで焼く。

3 Aを加え、沸とうしたらぶり、
　長いもを加え、1～2分煮たら
　みそを溶き入れる。

4 スープジャーに入れ、蓋をする。

味変アイデア！

バターをごま油に
代えて

たらのだしを生かす
シンプルな味つけで、
食べ飽きない

（ 白だし味 ）（ 作りおき ｜ 冷蔵２日 ）

小松菜のシャキッとした食感が◎

たらと小松菜としめじの
すまし汁

（ 材料 ）（1食分/ジャー400㎖）

生たら（切り身）… 1切れ

小松菜… 70g

しめじ… 40g

A 水… 200㎖

白だし
　　… 大さじ1と1/2

塩… 適量

（ 作り方 ）

1 たらはひと口大に切り、小松菜はざく切りにする。しめじは小房に分ける。

2 小鍋にA、1を入れて中火にかける。沸とうしたら蓋をして、弱火で1〜2分煮たら塩で味をととのえる。

3 スープジャーに入れ、蓋をする。

ちょい足し
トッピング

落とし卵を加えて
ボリュームアップ

[トマト味] [作りおき] [冷蔵2日]

ホロホロのたらとトマトスープがマッチ

たらじゃが
トマトスープ

(材料)（1食分／ジャー400mℓ）

生たら（切り身）… 1切れ
じゃがいも … 小1個（正味70g）
玉ねぎ … 1/4個
オリーブ油 … 大さじ1/2
A　トマトジュース … 150mℓ
　　水 … 100mℓ
　　顆粒ブイヨン … 大さじ1/2
　　おろしにんにく … 小さじ1
塩・粗びき黒こしょう … 各適量

(作り方)

1 たらは4等分に切り、じゃがいもは7mm厚さの半月切りにし、玉ねぎは1.5cm四方に切る。

2 小鍋にオリーブ油を中火で熱し、じゃがいも、玉ねぎを入れてしんなりするまで炒める。

3 A、たらを加え、沸とうしたら蓋をして、弱火で2〜3分煮る。塩で味をととのえる。

4 スープジャーに入れ、粗びき黒こしょうをふり、蓋をする。

味変アイデア！

顆粒ブイヨンを
めんつゆ（3倍濃縮）
大さじ1に代えて

たらを
めかじき1切れや
むきえび6〜8尾
に代えて

ちょい足し
トッピング

ブロッコリーを
加えて彩りアップ

バジルを
トッピングして

タバスコをかけたり、
粉チーズをふったり、
トッピングも楽しんで

不足しがちなカルシウムは、
牛乳を使ったクリームスープで
おいしくとり入れて！

塩味　作りおき　冷蔵2日

クリーム系でもさらっとしていて食べやすい！

鮭とキャベツの
クリームスープ

材料 （1食分/ジャー400mℓ）

生鮭(切り身)… 1切れ
キャベツ… 70g
長ねぎ… 30g
塩・粗びき黒こしょう・小麦粉…各適量
オリーブ油…大さじ½
牛乳… 150mℓ
水… 80mℓ

味変アイデア！

塩をみそ小さじ2に
代えてコクをアップ

作り方

1 鮭は4〜5等分に切り、塩をふり、小麦粉小さじ1をまぶす。キャベツはざく切り、長ねぎは斜め薄切りにする。

2 小鍋にオリーブ油を中火で熱し、キャベツ、長ねぎを入れ、さっと炒めたら小麦粉大さじ1を全体にまぶす。

3 牛乳、水、鮭を加え、ときどき混ぜながら弱火で2〜3分煮る。塩小さじ⅓を加える。

4 スープジャーに入れ、粗びき黒こしょうをふり、蓋をする。

かぼちゃの甘みが
ミルクスープと相性抜群。
ほっこりとした気持ちに

`コンソメ味` `作りおき` `冷蔵2日`

骨がほとんどない魚だから、子どもにも◎

かじきとブロッコリーの かぼちゃミルクスープ

（材料）（1食分／ジャー400㎖）

かじき（切り身）… 1切れ（80g）
ブロッコリー・かぼちゃ…各60g
　A　水… 100㎖
　　　顆粒ブイヨン・おろしにんにく…各小さじ1
牛乳… 100㎖
塩…適量

（作り方）

1 かじきは2〜3㎝幅に切り、塩を
　ふる。ブロッコリーは小房に分け、
　かぼちゃは2㎝角に切る。

2 小鍋にA、かじき、かぼちゃを入
　れて、蓋をして中火で2分ほど煮
　る。ブロッコリー、牛乳を加えて
　ひと煮し、塩で味をととのえる。

3 スープジャーに入れ、蓋をする。

ちょい足し
トッピング

食べる直前に
ナッツをトッピング

89

カレー味 **作りおき** 冷蔵2日

トマトの酸味でさっぱりとした味わい

ぶりとなすの
トマトカレースープ

材料 （1食分／ジャー400㎖）

ぶり（切り身）…1切れ
なす…1本
トマト…½個
オリーブ油…大さじ½
A 水…180㎖
　カレー粉・
　　顆粒ブイヨン・
　　おろしにんにく・
　　おろししょうが
　　…各小さじ1
塩・こしょう・粗びき
　黒こしょう…各適量

作り方

1 ぶりは3〜4等分に切り、塩を
ふる。なすは乱切り、トマトは
ざく切りにする。

2 小鍋にオリーブ油を中火で熱し、
なすを入れてしんなりするまで
炒める。

3 A、ぶり、トマトを加え、沸と
うしたら蓋をして、1〜2分煮る。
塩、こしょうで味をととのえる。

4 スープジャーに入れ、粗びき黒
こしょうをふり、蓋をする。

ちょい足し
トッピング

オートミールを
加えて食物繊維を
プラス

ピリ辛味 **作りおき** 冷蔵2日

たらと豆腐のダブルたんぱく質で腹持ち抜群

たらのチゲスープ

材料 （1食分／ジャー400㎖）

生たら（切り身）…1切れ
にら…20g
しいたけ…2枚
木綿豆腐…小½丁（75g）
A 水…200㎖
　鶏がらスープの素
　　…小さじ½
B 白菜キムチ…40g
　みそ…小さじ2
　みりん…小さじ1

作り方

1 たら、豆腐は食べやすい大きさ
に切る。にらは3〜4㎝長さに
切り、しいたけは薄切りにする。

2 小鍋にA、たら、豆腐、しいた
けを入れて火にかけ、蓋をして
中火で2分ほど煮る。B、にら
を加えてひと煮する。

3 スープジャーに入れ、蓋をする。

ちょい足し
トッピング

一味唐辛子を
加えて辛さを調節

油と相性がいいなすは、
一度炒めることで
旨みがグンとアップ！

発酵食品のキムチは、
塩分に気をつけて
適度にとり入れて！

魚介＋野菜 和

白だし味　作りおき　冷蔵2〜3日

缶詰を使って北海道の郷土料理風に！

鮭缶で三平汁風

材料 （1食分／ジャー400㎖）

鮭水煮缶… 1缶（90g）
じゃがいも… 1個（正味80g）
にんじん… 30g
A　水… 200㎖
　　白だし… 大さじ1
　　しょうゆ… 小さじ1

作り方

1　じゃがいもはひと口大に切り、にんじんは5㎜厚さのいちょう切りにする。

2　小鍋にA、1、鮭を汁ごと入れて中火にかける。沸とうしたら蓋をして、弱火で2分ほど煮る。

3　スープジャーに入れ、蓋をする。

味変アイデア！

白だし、しょうゆをみそ、みりん、酒各大さじ1に代えて石狩鍋風に

鮭缶をリーズナブルなさば缶に代えて

ちょい足しトッピング

豆腐を加えてたんぱく質アップ

小口切りにした小ねぎをたっぷりのせて

骨まで食べられる
鮭缶で、
カルシウムも
たんぱく質もバッチリ！

みそ味　作りおき　冷蔵3日

具だくさんでほっとする味わい
ちくわと大根のみそ汁

（材料）（1食分/ジャー400㎖）

ちくわ… 1本
大根… 80g
にんじん… 20g
木綿豆腐… 小½丁（75g）
A　水… 250㎖
　　おろししょうが
　　　… 小さじ1
　　和風顆粒だし
　　　… 小さじ½
みそ… 大さじ1

（作り方）

1 ちくわは2cm幅の輪切りにし、大根、にんじんは5m厚さのいちょう切りにする。豆腐は2cm角に切る。

2 小鍋にA、大根、にんじんを入れて中火にかける。沸とうしたら蓋をして、弱火で2分ほど煮る。ちくわ、豆腐を加えてひと煮し、みそを溶き入れる。

3 スープジャーに入れ、蓋をする。

味変アイデア！

ちくわを
さつま揚げに代えて

ちくわは優秀な
たんぱく質食材。
調理もカンタンでおすすめ

豆腐を厚揚げに代えれば、
歯応え＆コクがアップ。
カルシウムもとれて◎

（みそ味） （作りおき） （冷蔵2日）

プリッとしたえびの食感が◎

えびと豆腐と白菜の
しょうがみそ汁

（材料）（1食分／ジャー400㎖）

むきえび…30g
白菜…100g
木綿豆腐…小½丁（75g）
A　水…200㎖
　　おろししょうが
　　　…小さじ1
　　和風顆粒だし
　　　…小さじ½
みそ…大さじ1

（作り方）

1　白菜はざく切りにし、豆腐は2
　　cm角に切る。

2　小鍋にA、むきえび、1を入れ
　　て中火にかける。沸とうしたら
　　蓋をして、弱火で2分ほど煮て、
　　みそを溶き入れる。

3　スープジャーに入れ、蓋をする。

ちょい足し
トッピング

水溶き片栗粉を
加えてあんかけ風に

トマト味 **作りおき** 冷蔵2日

シーフードミックスで手軽に旨みアップ！

シーフードミックスの
トマトクリームスープ

材料（1食分/ジャー400㎖）

シーフードミックス（冷凍）
　…60g
セロリ…50g
さやいんげん
　…6〜8本（50g）
オリーブ油…小さじ1
A トマトジュース
　　…100㎖
　顆粒ブイヨン・
　おろしにんにく
　　…各小さじ1
牛乳…120㎖
塩…適量

作り方

1 セロリは1cm角に切り、さやいんげんはヘタを取り除いて3cm長さに切る。

2 小鍋にオリーブ油を中火で熱し、セロリを入れて炒める。

3 A、シーフードミックス、さやいんげんを加え、蓋をして中火で2分ほど煮る。牛乳を加えてひと煮し、塩で味をととのえる。

4 スープジャーに入れ、蓋をする。

ちょい足しトッピング

生クリームを
少し加えてコクを出す

カレー味 **作りおき** 冷蔵2〜3日

トマトの酸味がカレーとの相性◎

シーフードミックスと
ブロッコリーのトマトカレー

材料（1食分/ジャー400㎖）

シーフードミックス（冷凍）
　…80g
トマト…½個
ブロッコリー…60g
水…150㎖
カレールウ…25g
A プレーンヨーグルト
　　（無糖）…80g
　はちみつ…小さじ1

作り方

1 トマトはざく切りにし、ブロッコリーは小房に分ける。

2 小鍋に水、シーフードミックス、1を入れて火にかける。蓋をして中火で2分ほど煮たら、カレールウを溶かし入れ、Aを加えてひと煮する。

3 スープジャーに入れ、蓋をする。

味変アイデア！

ヨーグルトを
牛乳や豆乳に代えて

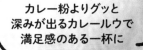

シーフードミックスの
貝、いか、えびなどで
旨みもたんぱく質も◎

カレー粉よりグッと
深みが出るカレールウで
満足感のある一杯に

カリフラワーのビタミンCは
熱に強いのが特徴。
積極的にとり入れて

コンソメ味　作りおき　冷蔵2日

粒マスタードの酸味がアクセントに

えびとカリフラワーの
マスタードコンソメスープ

（材料）（1食分/ジャー400㎖）

むきえび… 60g
カリフラワー… 60g
ちくわ… 1本
玉ねぎ… 1/4個
A 水… 200㎖
　顆粒ブイヨン
　　…大さじ1/2
粒マスタード…小さじ1
塩・こしょう…各適量

（作り方）

1 カリフラワーは小房に分ける。
ちくわは2cm幅の輪切り、玉ね
ぎは薄切りにする。

2 小鍋にA、玉ねぎを入れて中火
にかける。沸とうしたらむきえ
び、ちくわ、カリフラワー、粒
マスタードを加え、蓋をして弱
火で1分ほど煮る。塩、こしょ
うで味をととのえる。

3 スープジャーに入れ、蓋をする。

味変アイデア！

粒マスタードを
レモン汁に代えて

貧血の予防や
身体の成長に
欠かせない亜鉛が
あさりにはたっぷり！

コンソメ味　作りおき　冷蔵2日

缶汁も使って旨みたっぷりに！

あさり缶とブロッコリーの
クラムチャウダー

材料　(1食分/ジャー400㎖)

あさり水煮缶
　…具40g・汁30㎖
玉ねぎ…¼個
ブロッコリー…60g
バター…5g
小麦粉…大さじ1
A　水…100㎖
　　顆粒ブイヨン
　　　…小さじ1
牛乳…220㎖
塩…適量

作り方

1　玉ねぎは粗みじん切りにし、ブロッコリーは小房に分ける。

2　小鍋にバターを中火で熱し、玉ねぎを入れて炒め、小麦粉をまぶす。

3　A、あさり、缶汁を加え、ときどきヘラで混ぜながら1分ほど煮る。牛乳、ブロッコリーを加え、ヘラで混ぜながらひと煮し、塩で味をととのえる。

4　スープジャーに入れ、蓋をする。

味変アイデア！

あさり缶を
シーフードミックス
に代えて

99

キムチ味 　作りおき　冷蔵2〜3日

良質な脂を含むさば缶はストック必須！

さば缶とキムチのスープ

材料 （1食分／ジャー400㎖）

さば水煮缶
　…具100g・汁20㎖
キャベツ・しめじ…各50g
白菜キムチ…40g
ごま油…小さじ1
水…180㎖
おろしにんにく…小さじ1
塩…適量

作り方

1　キャベツはざく切りにし、しめじは小房に分ける。

2　小鍋にごま油を中火で熱し、1、キムチを入れて炒める。

3　水、さば、缶汁、にんにくを加えて1〜2分煮て、塩で味をととのえる。

4　スープジャーに入れ、蓋をする。

ちょい足しトッピング

もち麦を入れて
腹持ちアップ！

鶏がらスープ味 　作りおき　冷蔵3日

かに風味かまぼこは大きめに切って

かにかまと厚揚げと
わかめのスープ

材料 （1食分／ジャー400㎖）

かに風味かまぼこ・厚揚げ
　…各50g
白菜…80g
わかめ（乾燥）…2g
A 水…200㎖
　鶏がらスープの素
　　…大さじ½
塩…適量
ごま油…小さじ½

作り方

1　かに風味かまぼこは斜め半分に切る。厚揚げは1㎝厚さに切り、白菜はざく切りにする。

2　小鍋にA、1、わかめを入れて蓋をして、中火で1〜2分煮る。塩で味をととのえ、ごま油を加える。

3　スープジャーに入れ、蓋をする。

味変アイデア！

わかめをもずく酢に
代えて

キムチでしっかりと
味をつければ、
青魚が苦手でも
食べやすい！

白菜の甘みが
やさしいスープ。
カサ増しで満腹感も◎

（ケチャップ味）（作りおき）冷蔵2〜3日

食欲をそそる甘酢で子どもも食べやすい！

白身魚と野菜の甘酢あんかけ

（材料）（1食分／ジャー400㎖）

白身魚（たらやたいなど／切り身）
　…1切れ
玉ねぎ…¼個
ピーマン…2個
塩・片栗粉…各適量
サラダ油…大さじ½
A　水…150㎖
　　トマトケチャップ…大さじ2
　　砂糖・酢…各小さじ1
　　鶏がらスープの素…小さじ½
水溶き片栗粉
　…片栗粉小さじ1＋水小さじ2

（作り方）

1　白身魚は4〜5等分に切り、塩、片栗粉をまぶす。玉ねぎ、ピーマンは乱切りにする。

2　フライパンにサラダ油を中火で熱し、白身魚を入れて焼く。端に寄せ、空いたスペースに玉ねぎ、ピーマンを入れ、玉ねぎが透き通ってくるまで炒める。

3　Aを加えて煮て、ふつふつしてきたら水溶き片栗粉を加えてとろみをつける。

4　スープジャーに入れ、蓋をする。

味変アイデア！

トマトケチャップを
オイスターソース大さじ1
に代えて

酢を
黒酢に代えて
コクをアップ

ちょい足し
トッピング

食感のよい
きくらげを
加えて

最後に
タバスコを加えて
ピリ辛に

ピーマンや玉ねぎの他に、
きのこ類や小さめに切った
にんじんを入れても◎

ナンプラー味 **作りおき** **冷蔵2日**

お好みでパクチーはたっぷりと入れて

えびと野菜の
エスニックミルク煮

材料 (1食分/ジャー400㎖)

むきえび…80g
もやし…100g
ミニトマト…6個
A 水…60㎖
　ナンプラー…大さじ½
　鶏がらスープの素…小さじ½
牛乳…100㎖
塩…適量
パクチー(刻む)…適量

作り方

1 小鍋にA、むきえび、もやしを入れ、蓋をして中火で1分ほど煮る。牛乳、ミニトマトを加えてひと煮し、塩で味をととのえる。

2 スープジャーに入れ、パクチーをのせ、蓋をする。

味変アイデア！

パクチーをミントに代えて

もやしで
ボリューム感をアップ！
シャキシャキ食感が
クセになる！

アスパラガスの
シャキシャキ食感が
アクセントになって◎

[トマト味] [作りおき] [冷蔵2〜3日]

トマト缶を使って栄養価アップ

かじきとパプリカの
トマトスープ煮

（材料）（1食分／ジャー400㎖）

かじき（切り身）… 1切れ
パプリカ（黄）… 1/2個
グリーンアスパラガス… 2〜3本（40g）
塩… 適量
オリーブ油… 大さじ1/2
A　カットトマト缶… 150g
　　水… 50㎖
　　砂糖・しょうゆ・おろしにんにく…各小さじ1

ちょい足し
トッピング

最後にバジルをトッピング

（作り方）

1 かじきは2〜3cm四方に切り、塩をふる。パプリカは2〜3cm四方に切る。アスパラガスは根元の硬い部分を除き、3〜4cm長さに切る。

2 フライパンにオリーブ油を中火で熱し、かじきを入れて両面焼く。パプリカ、アスパラガスを加えてさっと炒める。

3 Aを加え、2〜3分煮たら、塩で味をととのえる。

4 スープジャーに入れ、蓋をする。

105

一緒に食べたい

パン&サンドイッチバリエ

ツナマヨきゅうりの ロールパンサンド

みんな大好き！
ツナマヨサンド

材料（2個分）

ロールパン…2個
きゅうり（斜め薄切り）
　…1/4本分
ツナオイル漬け缶…1/2缶
マヨネーズ…大さじ1
バター…適量

作り方

1 ボウルに油をきったツナを入れ、マヨネーズを加えて混ぜる。

2 ロールパンに切り込みを入れ、薄くバターを塗る。きゅうりを並べ入れ、1を挟む。

MEMO

具を挟む前にバターを塗ることで、水分や油分がパンに染み込むのを防ぎ、具とパンの密着も良くなります。

卵も入って
ボリューム
満点！

BLTEサンド

材料（2切れ分）

食パン（8枚切り）…2枚
ベーコン…2枚
卵…1個
レタス（ちぎる）…2枚分
トマト（1cmの輪切り）…1枚
塩・こしょう…各少々
A　マヨネーズ…大さじ1
　　フレンチマスタード
　　　…小さじ1

作り方

1 フッ素樹脂加工のフライパンにベーコンを入れて焼く。隣に卵を割り入れて目玉焼きを作り、塩、こしょうをふる。

2 食パンにAを塗り、レタス、目玉焼き、トマト、ベーコンをのせて挟む。ラップ（またはワックスペーパー）で包み、落ち着いたら半分に切る。

きんぴらサンド

野菜がたっぷり
食べられる！

材料（2切れ分）

全粒粉食パン（8枚切り）…2枚
牛こま切れ肉…60g
ごぼう（細切り）…50g
にんじん（細切り）…20g
レタス…2枚
バター…適量
ごま油…小さじ1
A　酒・みりん…各大さじ1
　　砂糖・しょうゆ…各小さじ1

作り方

1 フライパンにごま油を熱し、牛肉、ごぼう、にんじんを入れて炒める。Aを加え、汁がなくなるまで炒める。

2 食パンに薄くバターを塗り、レタス、1をのせて挟む。ラップ（またはワックスペーパー）で包み、落ち着いたら半分に切る。

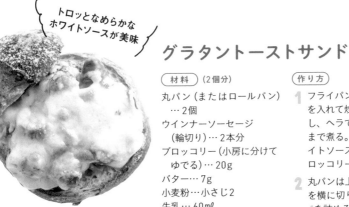

トロッとなめらかな
ホワイトソースが美味

グラタントーストサンド

(材料)(2個分)

丸パン(またはロールパン)
　…2個
ウインナーソーセージ
　(輪切り)…2本分
ブロッコリー(小房に分けて
　ゆでる)…20g
バター…7g
小麦粉…小さじ2
牛乳…60mℓ
塩…少々
ピザ用チーズ…適量

(作り方)

1 フライパンにバターを熱し、小麦粉を入れて炒める。牛乳を加えてのばし、ヘラで混ぜながらとろみがつくまで煮る。塩で味をととのえてホワイトソースを作り、ウインナー、ブロッコリーを加えて混ぜる。

2 丸パンは上から1cmくらいのところを横に切り、3cmほどくり抜いたら1を詰める。

3 ピザ用チーズをのせ、オーブントースターの天板にのせ、チーズが溶けるまで焼く。

MEMO

ホワイトソースは小分けにして冷凍保存しておくと便利。

ベーグルサンドで
カフェ風の雰囲気に!

チーズスクランブルエッグの
ベーグルサンド

(材料)(1個分)

ベーグル…1個
A 溶き卵…1個分
　牛乳…小さじ1
　塩・こしょう…各少々
ベーコン…1枚
ベビーリーフ…適量
スライスチーズ…1枚
バター…5g

(作り方)

1 フライパンにバターを熱し、混ぜ合わせたAを流し入れ、かき混ぜながら火を通してスクランブルエッグを作る。隣にベーコンを入れて焼く。

2 ベーグルは横に切り、薄くバターを塗る。ベビーリーフ、スライスチーズ、1をのせて挟む。

えびマヨ
ドッグサンド

こってりとした
えびマヨがおいしい!

(材料)(2個分)

ドッグパン(またはロールパン)…2個
むきえび…60g
カールレタス…適量
塩・こしょう…各少々
小麦粉…小さじ1
オリーブ油…大さじ½
A マヨネーズ・スイートチリソース
　…各小さじ1
　しょうゆ…小さじ½

(作り方)

1 むきえびは塩、こしょう、小麦粉をまぶす。

2 フライパンにオリーブ油を熱し、1を入れて両面を焼き、火を通す。ボウルに入れ、Aを加えてあえる。

3 ドッグパンに切り込みを入れ、カールレタス、2を挟む。

同じ食材で作る

1週間スープ弁当

1人分作るとなると
食材も余りがち…

スープ弁当を作るには、たくさんの食材が必要と感じていませんか？
上手に組み合わせれば、同じ食材で1週間分作ることも可能です。

使う食材はコレ！

常備食材

鮭缶　　じゃがいも　にんじん　たまねぎ

購入食材

鶏もも肉　豚こま肉　しめじ　ブロッコリー

上手に食材を使いまわせば ムダがなくなり、節約にも！

1人分を作るとなると、どうしても食材が余りがち。
できれば、同じ食材を使って1週間分（5日分）のスープを作れるのがベストですよね。じゃがいも、玉ねぎ、にんじん、魚缶のような日持ちする常備食材の他に、その週に使いたい食材を追加で購入して、その中でスープ弁当を作るプランを立ててみましょう。同じ食材で作れるスープは少ないかもしれませんが、基本はP7で紹介した野菜1：たんぱく質食材1：水分2の比率さえ守っていれば、あるものでOK。味や食感が似ている食材を選ぶなど工夫すると、ムダがなくなり、節約につながります。

1日目
豚肉とじゃがいもとブロッコリーの豆乳スープ→P40

2日目
鶏肉とじゃがいもとにんじんのみそ汁→P14

3日目
鶏肉とじゃがいものホワイトシチュー→P25

4日目
豚肉のハヤシスープ→P43

5日目
鮭缶で三平汁風→P92

MEMO

肉や魚はできれば買ってきた日に100gずつ小分けにしてラップをし、冷凍しておくのがおすすめ。傷みにくいじゃがいも、にんじん、玉ねぎ、魚缶やトマト缶などは常備しておくと便利です。

卵・豆・大豆製品 +野菜で栄養満点！ スープ弁当

卵や豆腐といったお財布にもやさしい食材で、
しっかりとたんぱく質を補いましょう。
大豆製品や豆などの植物性たんぱく質は、
肉や魚とは別にとり入れるのが理想的です。

卵＋野菜 和

白だし味　作りおき　冷蔵2〜3日

卵で手軽にたんぱく質をプラスして！
落とし卵とかぶと
こんにゃくのおでん

材料（1食分／ジャー400㎖）

卵… 2個
かぶ（葉つき）… 1個（正味100g）
こんにゃく（アク抜き済み）… 40g
A　水… 200㎖
　｜　白だし… 大さじ1と¼

作り方

1 かぶは葉の部分を3㎝残して切り落とし、皮をむき、くし形切りにする。こんにゃくは食べやすい大きさに切る。

2 小鍋にA、1を入れて中火にかける。沸とうしたら蓋をして、弱火で1〜2分煮る。卵を割り入れ、形が崩れない程度に固まるまで煮る（保温調理でさらに固まります）。

3 スープジャーに入れ、蓋をする。

味変アイデア！

白だしを
鶏がらスープの素
小さじ1とナンプラー
大さじ1に代えて

とりがら
スープ

ナンプラー

だし

白だしを
みそ大さじ1弱と顆粒
だし小さじ½に代えて

ちょい足し
トッピング

おろししょうがを
加えて

ハムや
ベーコンを加えて
コクをアップ

かぶに含まれる
アミラーゼは
胃もたれや胸やけに◎。
身体が疲れて
いるときに

小松菜には
カルシウムが豊富！
不足しがちな栄養を、
しっかりとり入れて

(みそ味)(作りおき)[冷蔵2〜3日]

豆腐と卵で、たんぱく質もしっかりとれる

豆腐と小松菜の
かきたまみそ汁

(材料)（1食分／ジャー400㎖）

卵… 1個
木綿豆腐… 小½丁（75g）
小松菜… 80g
A 水… 200㎖
　 和風顆粒だし
　　　 …小さじ½
みそ… 大さじ1

(作り方)

1 卵はボウルに割り入れて溶く。
豆腐は2cm角に切り、小松菜は
ざく切りにする。

2 小鍋にA、豆腐、小松菜を入れ
て中火にかける。ふつふつして
きたらみそを溶き入れ、溶き卵
を流し入れ、かき混ぜながら火
を通す。

3 スープジャーに入れ、蓋をする。

ちょい足し
トッピング

白すりごまを
たっぷり加える

もずく酢で味つけが
決まるからカンタン！

(昆布茶味)　(作りおき)　[冷蔵 2～3日]

もずく酢のマイルドな酸味でやさしい味わい

もずくとほうれん草と卵のお吸いもの

(材料)（1食分／ジャー400㎖）

卵… 1個
かに風味かまぼこ
　　… 4本（50g）
もずく酢… 1パック（70g）
ほうれん草（冷凍／
　　P44MEMO参照）… 50g
A　水… 180㎖
　│ 昆布茶… 小さじ2
塩… 適量

(作り方)

1 卵はボウルに割り入れて溶く。かに風味かまぼこは2㎝長さに切る。

2 小鍋にA、かに風味かまぼこ、汁ごとのもずく酢、ほうれん草を入れて中火にかけ、蓋をして1～2分煮る。溶き卵を流し入れて火を止め、塩で味をととのえる。

3 スープジャーに入れ、蓋をする。

ちょい足し
トッピング

梅干しを加えて
梅昆布茶スープに

卵＋野菜 洋

コンソメ味 ｜ 作りおき ｜ 冷蔵2〜3日

キャベツと玉ねぎの甘みがやさしいスープ

ソーセージと卵と野菜のポトフ

材料 （1食分／ジャー400㎖）

卵… 1個
ウインナーソーセージ… 3〜4本
キャベツ… 60g
玉ねぎ… 1/4個
A 水… 200㎖
　｜ 顆粒ブイヨン… 大さじ1/2
塩・粗びき黒こしょう… 各適量

作り方

1 ソーセージは横に5㎜幅で切り込みを入れる。キャベツはざく切り、玉ねぎはくし形切りにする。

2 小鍋にA、1を入れて中火にかける。沸とうしたら卵を割り入れ、形が崩れない程度に固まるまで煮る（保温調理でさらに固まります）。塩で味をととのえる。

3 スープジャーに入れ、粗びき黒こしょうをふり、蓋をする。

味変アイデア！

赤唐辛子を加えてピリ辛に

トマトケチャップやオリーブオイルを少し加えて

ちょい足しトッピング

粗びき黒こしょうをしっかりめにふる

オートミールを加えて食物繊維をプラス

ジュワッと肉汁が染み出る
ソーセージがおいしい！
ベーコンに代えても◎

濃厚なミルクスープで
ほっと一息。卵を
崩しながら召し上がれ

（塩味）（作りおき）（冷蔵2日）

バターのコクがたまらない！

卵とほうれん草の
バターミルクスープ

（材料）（1食分／ジャー400㎖）

卵… 1個
ベーコン… 2枚
玉ねぎ… ¼個
ほうれん草（冷凍／
　P44MEMO参照）… 50g
バター… 5g
小麦粉… 大さじ1
A 牛乳… 120㎖
　 水… 100㎖
　 塩… 小さじ⅓

（作り方）

1 ベーコンは細切り、玉ねぎは薄切りにする。

2 小鍋にバターを中火で熱し、**1** を入れて炒める。しんなりしたらほうれん草を加えてさらに炒め、小麦粉を加えてまぶす。

3 Aを加え、ヘラで混ぜながらとろみがつくまで煮る。卵を割り入れ、形が崩れない程度に固まるまで煮る（保温調理でさらに固まります）。

4 スープジャーに入れ、蓋をする。

味変アイデア！

塩をめんつゆ
（3倍濃縮）
大さじ1に代えて、
塩で味をととのえて

シーフードミックスで
たんぱく質と
旨みをプラス！

コンソメ味　作りおき　冷蔵2日

生のトマトが入ってさわやかな仕上がり

シーフードミックスと卵のトマトスープ

材料 （1食分／ジャー400㎖）

卵…1個
シーフードミックス
　（冷凍）・白菜…各50g
トマト…小½個
オリーブ油…小さじ1
A　水…180㎖
　　顆粒ブイヨン
　　　…大さじ½
塩・こしょう…各適量

作り方

1 白菜、トマトはざく切りにする。

2 小鍋にオリーブ油を中火で熱し、シーフードミックス、白菜を入れ、白菜がしんなりするまで炒める。

3 A、トマトを加えてひと煮し、卵を割り入れ、形が崩れない程度に固まるまで煮る（保温調理でさらに固まります）。塩、こしょうで味をととのえる。

4 スープジャーに入れ、蓋をする。

ちょい足し
トッピング

炒めるときに
クミンシード小さじ½
を加える

117

カレー味 **作りおき** 冷蔵2〜3日

なすとピーマンは炒めて旨みと栄養をアップ！

落とし卵の
スープカレー

材料 （1食分／ジャー400㎖）

卵… 2個
なす… 1本（80g）
ピーマン… 1個
オリーブ油…小さじ2
おろしにんにく・おろししょうが
　…各小さじ1
A　トマトジュース… 120㎖
　　水… 80㎖
　　顆粒ブイヨン・砂糖
　　　…各大さじ½
　　カレー粉…小さじ1

作り方

1 なすは横半分に切ってくし形切りにする。ピーマンは縦1.5㎝幅に切る。

2 小鍋にオリーブ油を中火で熱し、**1**を入れて炒める。なすに油が回ったら、にんにく、しょうがを加えてさっと炒める。

3 **A**を加えてひと煮し、卵を割り入れ、形が崩れない程度に固まるまで煮る（保温調理でさらに固まります）。

4 スープジャーに入れ、蓋をする。

味変アイデア！

カレー粉と顆粒
ブイヨンを
ソース大さじ1と½、
トマトケチャップ
大さじ1に代えて

なすをトマトに
代えて

**ちょい足し
トッピング**

オートミールを
加えて食物繊維を
プラス

炒めるときに
クミンシード小さじ½
を加える

卵を落とし入れて
手軽にたんぱく質量アップ!
他のスープでも試して
ほしいアレンジです

きのこに含まれる
食物繊維で、腹持ちアップ＆
血糖値の急上昇を予防！

ナンプラー味　作りおき　冷蔵2〜3日

最後にレモン汁を加えてさわやかに！

まいたけともやしの
エスニック卵スープ

材料 （1食分／ジャー400㎖）

卵… 2個
まいたけ… 50g
もやし… 60g
A 水… 200㎖
　 ナンプラー… 小さじ2
　 鶏がらスープの素
　 … 小さじ1/2
レモン汁… 小さじ1
塩・こしょう… 各適量

作り方

1 卵はボウルに割り入れて溶く。
　 まいたけは小房に分ける。

2 小鍋にA、まいたけ、もやしを
　 入れて、中火で1分ほど煮る。
　 溶き卵を流し入れ、かき混ぜな
　 がら火を通す。レモン汁を加え、
　 塩、こしょうで味をととのえる。

3 スープジャーに入れ、蓋をする。

ちょい足し
トッピング

水溶き片栗粉と
ラー油を加えて
酸辣湯風に

鶏がらスープ味 作りおき 冷蔵2〜3日

ごはんとも相性ぴったりの旨煮！

チンゲン菜と豚肉の旨煮卵スープ

材料 （1食分／ジャー400㎖）

卵… 1個
豚バラ薄切り肉… 40g
チンゲン菜… 80g
にんじん… 30g
ごま油… 小さじ2
A 水… 200㎖
　鶏がらスープの素… 大さじ½
　酒・しょうゆ・みりん… 各小さじ1
塩・こしょう… 各適量

ちょい足しトッピング

最後にウスターソースをかけて
しっかり味に

作り方

1 卵はボウルに割り入れて溶く。豚肉は3〜4cm幅に切り、チンゲン菜はざく切り、にんじんは細切りにする。

2 小鍋にごま油を中火で熱し、豚肉、チンゲン菜の芯、にんじんを入れて炒める。豚肉の色が変わったらチンゲン菜の葉を加えてさらに炒める。

3 Aを加え、沸とうしたら溶き卵を流し入れる。塩、こしょうで味をととのえる。

5 スープジャーに入れ、蓋をする。

卵がからんでおいしい！
彩りのよい
具だくさんスープです

豆・大豆製品＋野菜 和

（しょうゆ味）（作りおき）（冷蔵3日）

油揚げのコクと、塩昆布の旨みが◎

大豆と油揚げと野菜の塩昆布スープ

（材料）（1食分／ジャー400㎖）

蒸し大豆缶… 60g
油揚げ… 1枚 (25g)
キャベツ… 60g
玉ねぎ… ¼個
塩昆布… 6g
水… 220㎖
しょうゆ… 小さじ2
塩… 適量

（作り方）

1 油揚げは短冊切り、キャベツはざく切り、玉ねぎは薄切りにする。

2 小鍋に水、大豆、**1**、塩昆布を入れ、蓋をして中火で2分ほど煮る。しょうゆを加え、塩で味をととのえる。

3 スープジャーに入れ、蓋をする。

味変アイデア！

塩昆布をのりの佃煮に代えて

のりの佃煮

豆乳を加えてマイルドに

Soy Milk 無調整 豆乳

ちょい足しトッピング

赤唐辛子の輪切りをプラスして

ゆずこしょうをのせてアクセントに

ゆずこしょう

大豆がホクホクとして
おいしい！
栄養も豊富なので
積極的にとり入れて

高野豆腐は
栄養価が高いので
ストックがおすすめ

みそ味　作りおき　冷蔵3日

高野豆腐に旨みが染み込む！
高野豆腐とベーコンとしいたけのしょうがみそ汁

材料 （1食分／ジャー400㎖）

高野豆腐… 1個
ベーコン… 1枚
しいたけ… 4枚
長ねぎ… 40g
A　水… 250㎖
　　和風顆粒だし・おろし
　　しょうが… 各小さじ½
みそ… 大さじ1

作り方

1 高野豆腐は水で戻し、1.5㎝角に切る。ベーコンは細切り、しいたけは四つ割り、長ねぎは小口切りにする。

2 小鍋にA、1を入れ、中火で1〜2分煮たら、みそを溶き入れる。

3 スープジャーに入れ、蓋をする。

味変アイデア！

しいたけを
干ししいたけに
代えて旨みアップ

豆腐とさつま揚げで
しっかりとたんぱく質を摂取。
植物性と動物性の
組み合わせが◎

しょうゆ味 作りおき 冷蔵2～3日

さつま揚げのコクで食べ応えバッチリ

豆腐とさつま揚げと
キャベツの和風スープ

材料 （1食分／ジャー400㎖）

木綿豆腐…小1/2丁（75g）
さつま揚げ…1枚（40g）
キャベツ…80g
A 水…200㎖
　│ しょうゆ…小さじ2
　│ 和風顆粒だし
　│ 　…小さじ1/2
塩…適量

作り方

1 豆腐はさいの目切りにし、さ
　つま揚は1㎝幅に切り、キャ
　ベツは2～3㎝四方に切る。

2 小鍋にA、1を入れ、蓋をし
　て中火で1～2分煮る。塩で
　味をととのえる。

3 スープジャーに入れ、蓋をす
　る。

ちょい足し
トッピング

ちぎった
焼きのりを加えて

125

塩味　作りおき　冷蔵3日

さつまいもとミルクスープがよく合う！

さつまいもと
ミックスビーンズのスープ

（材料）（1食分／ジャー400㎖）

ミックスビーンズ…60g
さつまいも…60g
玉ねぎ…½個
バター…5g
小麦粉…大さじ1
A　水…100㎖
　│　塩…小さじ⅓
牛乳…120㎖

（作り方）

1 さつまいもは2cm角に切って水にさらし、水けをきる。玉ねぎは薄切りにする。

2 小鍋にバターを中火で熱し、**1**を入れて炒め、小麦粉をまぶす。

3 A、ミックスビーンズを加え、ときどきヘラで混ぜながら、蓋をして1～2分煮る。牛乳を加えてひと煮する。

4 スープジャーに入れ、蓋をする。

ちょい足し
トッピング

カリカリに焼いた
ベーコンをプラス

コンソメ味　作りおき　冷蔵3日

かぼちゃと玉ねぎの甘みがやさしい

ミックスビーンズと
ゴロゴロかぼちゃのスープ

（材料）（1食分／ジャー400㎖）

ミックスビーンズ…80g
かぼちゃ…80g
玉ねぎ…¼個
ベーコン…1枚
バター…4g
A　牛乳…180㎖
　│　顆粒ブイヨン
　│　　…小さじ1
塩…適量

（作り方）

1 かぼちゃは2～3cm角に切り、玉ねぎは薄切り、ベーコンは細切りにする。

2 耐熱容器にかぼちゃ、玉ねぎ、バターを入れ、ラップをして電子レンジで2分加熱する。かぼちゃをおたまで粗く潰し、ミックスビーンズ、A、ベーコンを加える。再度ラップをかけ、電子レンジで1～2分加熱する。塩で味をととのえる。

3 スープジャーに入れ、蓋をする。

味変アイデア！

さつまいもを
じゃがいもに代えて

ミックスビーンズと
さつまいもの
ホクホク食感が
たまらない

食物繊維を多く
含むかぼちゃで
腹持ちアップ！

粉チーズは
ピザ用チーズに代えて
ボリューム
アップしても◎

[コンソメ味] [作りおき | 冷蔵2〜3日]

コンソメスープとチーズが最高の組み合わせ

大豆とソーセージと
ブロッコリーのチーズスープ

(材料) (1食分／ジャー400㎖)　(作り方)

蒸し大豆缶…60g
ウインナーソーセージ…2本
玉ねぎ…¼個
ブロッコリー…60g
A　水…200㎖
　　顆粒ブイヨン
　　　…大さじ½
塩…適量
粉チーズ…小さじ2

1 ソーセージは2㎝幅の輪切り、玉ねぎは薄切りにし、ブロッコリーは小房に分ける。

2 小鍋にA、大豆、ソーセージ、玉ねぎを入れ、蓋をして中火で2分ほど煮る。ブロッコリーを加えてひと煮し、塩で味をととのえる。

3 スープジャーに入れ、粉チーズをかけ、蓋をする。

ちょい足し
トッピング

ドライバジルを
トッピングして

栄養豊富なひよこ豆は、
青臭さがなくて
食べやすい！

コンソメ味　作りおき　冷蔵3日

コロコロとかわいいひよこ豆で満足感アップ

ひよこ豆とトマトと
キャベツのスープ

材料 （1食分／ジャー400㎖）

ひよこ豆（ドライパック）
　…60g
トマト…小½個
キャベツ…60g
ベーコン…2枚
オリーブ油…小さじ1
A 水…180㎖
　　顆粒ブイヨン
　　　…大さじ½
塩・粗びき黒こしょう
　…各適量

作り方

1 トマト、キャベツはざく切り、ベーコンは細切りにする。

2 小鍋にオリーブ油を中火で熱し、ベーコン、キャベツを入れて炒める。

3 A、ひよこ豆、トマトを加えて1〜2分煮て、塩で味をととのえる。

4 スープジャーに入れ、粗びき黒こしょうをふり、蓋をする。

味変アイデア！

炒めるときに
クミンシード小さじ½
を加える

129

トマト味・ピリ辛味　作りおき　冷蔵3日

ひき肉の旨みがトマトスープになじんで美味

チリコンカンスープ

材料 （1食分／ジャー400mℓ）

ミックスビーンズ… 60g
合いびき肉… 40g
セロリ… 50g
玉ねぎ… 1/4個
オリーブ油… 小さじ1
A　トマトジュース… 150mℓ
　　水… 50mℓ
　　顆粒ブイヨン・おろしにんにく
　　　…各小さじ1
　　チリパウダー（または
　　一味唐辛子）
　　　…小さじ1/6
塩・こしょう…各適量

作り方

1 セロリは1cm角に切り、玉ねぎは粗みじん切りにする。

2 小鍋にオリーブ油を中火で熱し、ひき肉、1を入れ、ひき肉の色が変わるまで炒める。

3 A、ミックスビーンズを加え、蓋をして弱火で1〜2分煮る。塩、こしょうで味をととのえる。

4 スープジャーに入れ、蓋をする。

味変アイデア！

顆粒ブイヨンを
カレールウ1かけに
代えて

Curry Roux

トマトジュースを
牛乳に代えて

MILK

ちょい足し
トッピング

最後に
粉チーズをふって
コクをプラス

CHEESE POWDER

最後に
みじん切りにした
パセリを散らす

ミックスビーンズは
さまざまな豆の食感が
楽しめる！

高たんぱく＆低糖質の
大豆はダイエットに最適！
栄養バランスもアップ

(ピリ辛味)　(作りおき)　(冷蔵2日)

豚バラ肉の旨みがたまらない！

豆ともやしの中華風
ピリ辛豆乳スープ

(材料)（1食分／ジャー400㎖）

蒸し大豆缶…60g
豚バラ薄切り肉…40g
もやし…80g
にら…20g
ごま油…小さじ1
豆板醤…小さじ½
A 豆乳…150㎖
　　水…50㎖
　　鶏がらスープの素
　　　…大さじ½

(作り方)

1 豚肉は2cm幅に切り、にらは
ざく切りにする。

2 小鍋にごま油を中火で熱し、
豚肉、豆板醤を入れ、豚肉の
色が変わるまで炒める。もや
しを加えてさっと炒める。

3 A、大豆を加えてひと煮し、
にらを加える。

4 スープジャーに入れ、蓋をす
る。

ちょい足し
トッピング

キムチを加えて
辛みと旨みをアップ

ピーマンは美肌効果の
高いビタミンCが豊富！
豆腐でヘルシーに

ナンプラー味　作りおき　冷蔵2〜3日

ナンプラーを使って手軽にエスニック風に

エスニック
カレーミルクスープ

材料　(1食分／ジャー400㎖)

木綿豆腐…小½丁(75g)
ウインナーソーセージ
　…2本
ピーマン…大2個(80g)
　A　水…100㎖
　　│ ナンプラー…大さじ½
　　│ カレー粉…小さじ1
　　│ 鶏がらスープの素
　　│ 　…小さじ½
牛乳…100㎖

作り方

1 豆腐はさいの目切りにし、ソーセージは斜め半分に切り、ピーマンは細切りにする。

2 小鍋にA、1を入れて中火にかける。沸とうしたら蓋をして、弱火で2分ほど煮る。牛乳を加えてひと煮する。

3 スープジャーに入れ、蓋をする。

ちょい足し
トッピング

刻んだパクチーを
トッピング

133

ケチャップ味 ｜ 作りおき ｜ 冷蔵2～3日

食材を代えればバリエーションが広がる味つけ！

厚揚げの
つゆだく酢豚風

材料 （1食分／ジャー400㎖）

厚揚げ… 120g
エリンギ… 1本
さやいんげん… 50g
サラダ油… 大さじ½
A 水… 150㎖
　トマトケチャップ… 大さじ2
　カレー粉・砂糖・しょうゆ・酢
　　… 各小さじ1
　鶏がらスープの素… 小さじ½
水溶き片栗粉
　… 片栗粉小さじ1＋水小さじ2

作り方

1 厚揚げは2～3cm角に切る。エリンギは横半分に切り、四つ割りにする。さやいんげんはヘタを取り除いて3cm長さに切る。

2 フライパンにサラダ油を中火で熱し、エリンギ、さやいんげんを入れて炒める。**A**、厚揚げを加えて1～2分煮たら、水溶き片栗粉を加えてとろみをつける。

3 スープジャーに入れ、蓋をする。

味変アイデア！

カレー粉を
黒酢に代えて

黒酢

厚揚げを
鶏肉に代えて

**ちょい足し
トッピング**

角切りにした
パイナップルを加える

温泉卵を
トッピング

豚肉の代わりに厚揚げを
使って、植物性たんぱく質と
カルシウムを補給！

| トマト味 | 作りおき | 冷蔵3日 |

トマト味はごはんやパンにも合う！

大豆と野菜のトマト煮

材料（1食分／ジャー400㎖）

蒸し大豆缶…80g
なす…1本
れんこん…40g
ホールトマト缶…150g
オリーブ油…小さじ2
A 水…100㎖
　顆粒ブイヨン
　　…大さじ1/2
　砂糖・おろしにんにく
　　…各小さじ1
塩・こしょう…各適量

作り方

1 なすは乱切り、れんこんは5㎜厚さのいちょう切りにする。トマトは潰す。

2 小鍋にオリーブ油を中火で熱し、なす、れんこんを入れて炒め、油が回ったら大豆を加えて炒める。

3 トマト、Aを加えて3〜4分煮たら、塩、こしょうで味をととのえる。

4 スープジャーに入れ、蓋をする。

ちょい足し
トッピング

ベーコンを加えて
旨みをプラス

たんぱく質が豊富な
大豆を使えば、
満腹感も得られて◎

青のりと紅しょうがで
食感と香りをプラス！

めんつゆ味 作りおき 冷蔵 2〜3日

溶き卵を回し入れるだけで、ボリュームアップ

油揚げとキャベツと
玉ねぎの卵とじ

材料 （1食分／ジャー400ml）　作り方

油揚げ…1枚
キャベツ…50g
玉ねぎ…1/4個
卵…2個
A 水…150ml
　│ めんつゆ（3倍濃縮）
　　 …大さじ2
青のり・紅しょうが…各適量

1 油揚げは2cm幅に切り、キャベ
　ツはざく切り、玉ねぎは薄切り
　にする。卵はボウルに割り入れ
　て溶く。

2 フライパンを中火で熱し、A、
　油揚げ、キャベツ、玉ねぎを入
　れて1〜2分煮る。溶き卵を流
　し入れて火を通す。

3 スープジャーに入れ、青のりを
　ふり、紅しょうがをのせ、蓋を
　する。

ちょい足し
トッピング

刻んだ
三つ葉をトッピング

余裕があればもう1品！
サラダ＆あえものバリエ

ポリポリと食べられて、
さっぱりおいしい！

オクラときゅうりのピクルス

材料（作りやすい分量）

オクラ… 1パック
きゅうり… 1本
A 水・酢…各大さじ6
　砂糖…大さじ3
　塩…小さじ1/2
　赤唐辛子… 1本

作り方

1 オクラは板ずりしてさっとゆでる。きゅうりはスティック状に切る。

2 小鍋に**A**を入れて火にかけ、沸とうしたら火を止め、耐熱容器に移す。**1**を加えて1時間以上漬ける。

ひじきとかぶのチーズサラダ

材料（作りやすい分量）

芽ひじき（乾燥）… 6g
かぶ（葉つき）
　… 2個（正味140g）
ハム… 4枚
A 粉チーズ…大さじ2
　しょうゆ・オリーブ油
　…各小さじ2
塩・こしょう…各適量

作り方

1 芽ひじきは水で戻し、水けをきる。かぶは葉の部分を3cm残して切り落とし、皮をむく。縦半分に切って5mm厚さに切り、軽く塩をまぶす。ハムは細切りにする。

2 ボウルに**1**を入れ、**A**を加えてあえる。塩、こしょうで味をととのえる。

チーズのこってり感で
満足感をアップ

切り干し大根で
カルシウムをチャージ！

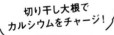

ピーマンと
切り干し大根のナムル

材料（作りやすい分量）

ピーマン… 2個
切り干し大根（乾燥）… 30g
塩…適量
A ごま油…小さじ2
　しょうゆ・おろしにんにく・白いりごま…各小さじ1

作り方

1 ピーマンは細切りにし、塩でもむ。切り干し大根は水で戻し、もみ洗いして水けをしぼり、ざく切りにする。

2 ボウルに**1**を入れ、**A**を加えてあえる。

たくあんの食感を
アクセントに！

ほうれん草と
たくあんのおかかあえ

（材料）（作りやすい分量）

ほうれん草（冷凍／P44MEMO参照）
　…80g
たくあん…30g
かつお節…3g
しょうゆ…小さじ1

（作り方）

1 ほうれん草はゆでて水にとり、水けをきって食べやすい大きさに切る。たくあんは刻む。

2 ボウルに**1**を入れ、かつお節、しょうゆを加えてあえる。

さやいんげんの
クリームチーズあえ

（材料）（作りやすい分量）

さやいんげん…50g
A クリームチーズ…20g
　｜ しょうゆ…小さじ1/2

（作り方）

1 さやいんげんはヘタを取り除き、ゆでて3〜4cm長さに切る。

2 ボウルに**1**を入れ、**A**を加えてあえる。

クリームチーズと
しょうゆの
相性が◎

梅の酸味で
ついつい箸が伸びる！

スナップえんどうの
梅あえ

（材料）（作りやすい分量）

スナップえんどう…60g
梅干し（種は取り除く）…6g
しょうゆ…小さじ1/2

（作り方）

1 スナップえんどうは筋を取り除き、さっと塩ゆでして半分に切る。梅干しはたたく。

2 ボウルに**1**を入れ、しょうゆを加えてあえる。

さくいん

143

著者
ほりえさちこ

料理家、栄養士。食育アドバイザー、ヨーグルトマイスター、乳酸菌マイスター取得。自らの育児経験を活かした栄養バランスのとれた簡単でおいしい料理を提案している。糖質オフや美肌レシピなども得意とするほか、食育やスポーツ栄養の講演も行うなど、食に関する活動にも力を入れており、多方面で活躍中。ナチュラルでかわいいアイデアあふれるレシピとスタイリングも人気。著書に『あと一品がすぐできる！おいしい副菜』(池田書店)、『美容・健康・免疫力アップ　からだづくりに欠かせない　たんぱく質のきほんとレシピBOOK』(朝日新聞出版)などがある。

撮影	安部まゆみ
スタイリング	深川あさり
調理アシスタント	いのうえ陽子
デザイン	蓮尾真沙子 (tri)
イラスト	日江井香
編集協力／執筆協力	丸山みき (SORA企画)
編集アシスタント	樫村悠香、永野廣美 (SORA企画)
編集担当	遠藤やよい (ナツメ出版企画)

本書に関するお問い合わせは、書名・発行日・該当ページを明記の上、
下記のいずれかの方法にてお送りください。電話でのお問い合わせはお受けしておりません。
・ナツメ社webサイトの問い合わせフォーム　https://www.natsume.co.jp/contact
・FAX (03-3291-1305)
・郵送 (下記、ナツメ出版企画株式会社宛て)
なお、回答までに日にちをいただく場合があります。正誤のお問い合わせ以外の書籍内容に関する
解説・個別の相談は行っておりません。あらかじめご了承ください。

野菜もたんぱく質もとれる！
スープ弁当

2023年12月6日　初版発行

著　者	ほりえさちこ　ⓒHorie Sachiko,2023
発行者	田村正隆
発行所	株式会社ナツメ社 東京都千代田区神田神保町1-52 ナツメ社ビル1F (〒101-0051) 電話 03-3291-1257 (代表)　FAX 03-3291-5761 振替 00130-1-58661
制　作	ナツメ出版企画株式会社 東京都千代田区神田神保町1-52 ナツメ社ビル3F (〒101-0051) 電話 03-3295-3921 (代表)
印刷所	大日本印刷株式会社

ISBN978-4-8163-7453-1　Printed in Japan
〈定価はカバーに表示してあります〉〈乱丁・落丁本はお取り替えします〉